salades

Stylisme culinaire : Jennifer Joyce
Photos : Sian Irvine
Révision et correction : Odette Lord
Infographie : Luisa da Silva

Catalogage avant publication de Bibliothèque et Archives Canada

Joyce, Jennifer

Salades

(Tout un plat!)

Traduction de : *The Well-dressed Salad*.

1. Salades. I. Titre. II. Collection.

TX740.J6914   641.8'3   C2006-940248-5

Pour en savoir davantage sur nos publications,
visitez notre site : **www.edhomme.com**
Autres sites à visiter : www.edjour.com
www.edtypo.com • www.edvlb.com
www.edhexagone.com • www.edutilis.com

02-06

© 2004, Pavilion Books
© 2004, Jennifer Joyce (textes)
© 2004, Sian Irvine (photos)

© 2006, Les Éditions de l'Homme,
une division du groupe Sogides,
pour la traduction française

L'ouvrage original a été publié par Pavilion Books Ltd,
succursale de Chrysalis Books Group plc,
sous le titre *The Well-dressed Salad*

Dépôt légal : 1er trimestre 2006
Bibliothèque nationale du Québec

ISBN 2-7619-2170-4

DISTRIBUTEURS EXCLUSIFS :

• Pour le Canada et les États-Unis :
MESSAGERIES ADP*
955, rue Amherst
Montréal, Québec H2L 3K4
Tél. : (514) 523-1182
Télécopieur : (450) 674-6237
* Filiale de Sogides ltée

• Pour la France et les autres pays :
INTERFORUM
Immeuble Paryseine, 3, Allée de la Seine
94854 Ivry Cedex
Tél. : 01 49 59 11 89/91
Télécopieur : 01 49 59 11 33
Commandes :   Tél. : 02 38 32 71 00
                        Télécopieur : 02 38 32 71 28

• Pour la Suisse :
INTERFORUM SUISSE
Case postale 69 - 1701 Fribourg - Suisse
Tél. : (41-26) 460-80-60
Télécopieur : (41-26) 460-80-68
Internet : www.havas.ch
Email : office@havas.ch
DISTRIBUTION : OLF SA
Z.I. 3, Corminbœuf
Case postale 1061
CH-1701 FRIBOURG
Commandes :   Tél. : (41-26) 467-53-33
                        Télécopieur : (41-26) 467-54-66
                        Email : commande@ofl.ch

• Pour la Belgique et le Luxembourg :
INTERFORUM BENELUX
Boulevard de l'Europe 117
B-1301 Wavre
Tél. : (010) 42-03-20
Télécopieur : (010) 41-20-24
http://www.vups.be
Email : info@vups.be

Gouvernement du Québec – Programme de crédit d'impôt pour l'édition de livres – Gestion SODEC – www.sodec. gouv. qc. ca

L'Éditeur bénéficie du soutien de la Société de développement des entreprises culturelles du Québec pour son programme d'édition.

Nous reconnaissons l'aide financière du gouvernement du Canada par l'entremise du Programme d'aide au développement de l'industrie de l'édition (PADIÉ) pour nos activités d'édition.

tout un plat !

salades

Jennifer Joyce
Photos : Sian Irvine

Traduit de l'anglais par Odette Lord

LES ÉDITIONS DE
L'HOMME

Introduction

Ma passion pour les salades remonte à l'enfance. J'ai grandi dans la campagne du Wisconsin, aux États-Unis, parmi les vergers aux innombrables fruits bien juteux. Mon père, Léo, cultivait un énorme jardin potager, qui servait à nourrir notre famille de 11 enfants. Même si les longues heures passées à désherber et à mettre le produit de nos récoltes en conserve me semblaient une corvée à l'époque, j'adorais l'odeur du potager et savourer l'extraordinaire variété de légumes. Ma mère, Louise, qui est d'origine italienne, devait gérer efficacement son budget. Mais elle était bien plus qu'une simple ménagère, elle cuisinait en artiste. L'un des seuls luxes que la famille pouvait se permettre, c'était de bien manger. L'abondance des légumes nous permettait d'accompagner chacun de nos repas d'une salade, souvent très simple, mais toujours délicieuse : concombres,

oignons et tomates, ou poivrons grillés, assaisonnés de vinaigre de vin et d'huile d'olive. Ce que j'adorais, dans les salades, c'était la vinaigrette, dont je savourais toujours les dernières gouttes sur mon pain. Aujourd'hui, ces délicieux souvenirs d'enfance m'incitent à rechercher des ingrédients d'aussi bonne qualité que les produits récoltés par mon père et apprêtés par ma mère.

Je vis à Londres depuis une douzaine d'années, et ma cuisine subit l'influence de nombreuses cultures. Je la qualifie maintenant de gastronomie exotique des temps modernes. Quel que soit le cours que je donne chaque semaine – cuisine vietnamienne, du Moyen-Orient, californienne ou nord-africaine –, toutes mes recettes ont un point commun : la recherche de saveurs fraîches et audacieuses. J'adore mêler fines herbes, vinaigres et produits exotiques inhabituels pour créer des saveurs extraordinaires. Pour vous donner un exemple, vous ne trouverez ici que très peu de vinaigrettes à la mayonnaise, car j'estime qu'une vinaigrette doit rehausser le goût d'une salade et non l'étouffer.

J'ai décidé d'écrire ce livre après avoir préparé un cours sur les salades. J'ai constaté en effet qu'il m'était difficile de faire un tri, car je les aime toutes avec passion. Je constate aussi que les salades sont très bien adaptées à notre mode de vie et répondent

exactement à notre souci d'une alimentation équilibrée.
Elles sont saines, légères et délicieuses. Une salade
n'est plus uniquement un plat d'accompagnement,
une assiette de laitue iceberg baignant dans une
vinaigrette achetée à l'épicerie. Bien au contraire, la
salade peut devenir la vedette de votre repas.

Cet ouvrage est plus qu'un livre de recettes. Il est
bourré d'idées qui vous aideront à préparer des plats
fins, quelles que soient vos compétences culinaires.
Vous trouverez avec chaque recette, sous la rubrique
«Un peu d'organisation», des renseignements détaillés
sur le temps de préparation et les variantes possibles,
ainsi que des idées de présentation et des conseils
pour préparer vos repas à l'avance. Dans un petit
guide intitulé «Saveurs exotiques», j'ai dressé une liste
d'ingrédients aussi délicieux qu'étranges. J'ai aussi
défini certains produits qui pourraient paraître complexes
ct donné plus d'explications en ce qui a trait à d'autres
ingrédients familiers comme les tomates, les diverses
variétés de laitue, les nouilles, les légumineuses, les

huiles et les vinaigres. Enfin, chaque recette a été
mise deux fois à l'essai pour vous garantir toutes les
chances possibles de succès.

Les heures passées à jardiner, dans mon enfance,
ont éveillé ma passion pour les délicieuses salades
aux couleurs vives. Mais il n'est pas nécessaire de
cultiver soi-même ses légumes pour en goûter les
plaisirs. Il suffit de les apprêter avec goût et originalité.
Ouvrez ce livre à n'importe quelle page, rassemblez
quelques ingrédients et… bon appétit!

Principes de base

COMMENT LAVER ET CONSERVER LES FEUILLES DE SALADE ET LES FINES HERBES

Vous avez choisi la plus croquante des salades et les herbes les plus fraîches du marché. Il vous faut donc conserver leur fraîcheur le plus longtemps possible. Rentrez vite chez vous, car vos feuilles de laitue perdront du goût si elles restent longtemps dans la voiture. Dès votre arrivée, lavez chaque feuille pour en conserver la fraîcheur et redonner de l'éclat à celles qui ont commencé à se faner. La laitue et autres plantes du même genre, que l'on cueille très près du sol, sont souvent couvertes de terre et de poussière. Si vous les placez au réfrigérateur telles quelles, elles se flétriront beaucoup plus rapidement que si vous les nettoyez d'abord. La meilleure méthode consiste à les laisser tremper dans l'évier plein d'eau froide. Si elles vous semblent particulièrement mal en point, ajoutez quelques glaçons. Remuez doucement les feuilles, égouttez-les, puis recommencez. Pour les sécher, posez-les à plat sur un linge à vaisselle propre, que vous roulerez soigneusement sur lui-même. (Une essoreuse à salade fera ce travail à votre place, mieux et plus vite que vous.) Enveloppez les feuilles dans du papier essuie-tout ou dans un linge à vaisselle et glissez le tout dans un sac en plastique que vous rangerez dans le bac à légumes du réfrigérateur. Ainsi, la plupart des laitues et fines herbes devraient garder leur fraîcheur pendant 2 à 3 jours.

LES USTENSILES : DE L'INDISPENSABLE À L'AGRÉABLE

Il n'est pas nécessaire de posséder beaucoup d'ustensiles de cuisine pour faire des salades, mais certains vous faciliteront la vie. En consultant les deux listes ci-dessous, vous établirez vos besoins en fonction de votre budget et de votre patience. Ensuite, eh bien, profitez du plaisir de préparer les recettes de ce livre.

L'INDISPENSABLE

- De bons couteaux bien aiguisés : Procurez-vous un grand couteau à hacher, un petit couteau d'office et un couteau dentelé d'excellente qualité, et vous les conserverez pour la vie.

• Un épluche-légumes : À remplacer chaque année, car la lame s'émousse très vite.

• Une râpe à quatre côtés : Très utile pour râper du parmesan, du gingembre frais ou le zeste des citrons.

• Des bols à mélanger : Choisissez au moins trois tailles différentes.

• Des linges à vaisselle : Essentiels pour sécher et envelopper les feuilles de salade après les avoir lavées.

• Un bocal dont le couvercle visse : C'est le récipient idéal pour mélanger les ingrédients des vinaigrettes.

• Une grande passoire à petits trous : Utile pour rincer

et égoutter les nouilles et les lentilles qui risquent de s'échapper des passoires à gros trous.

• Un wok ou une poêle de taille moyenne à fond épais : Indispensable pour cuire des légumes à grande friture.

• Une tôle à biscuits ou un plat à rôtir : Très pratique pour faire griller les légumes, les croûtons ou la viande.

• Une poêle à frire antiadhésive : Achetez-en une de bonne qualité, pour éviter que l'enduit ne se fendille.

L'AGRÉABLE

• Une essoreuse à salade : Cet ustensile bon marché vous permettra de sécher rapidement la laitue et autres verdures.

• Un robot culinaire : Il hache et mélange à votre place, ce qui vous fait gagner du temps. Offrez-vous un robot de bonne qualité, doté de lames bien aiguisées et d'un moteur puissant.

• Un presse-citron : Choisissez votre modèle préféré, en bois, en verre ou un modèle comme on en trouve au Mexique. Très utile si vous aimez les vinaigrettes asiatiques au citron vert.

• Une mandoline : Les salades de chou ou les salades thaïlandaises requièrent de grandes quantités de légumes coupés en julienne ou râpés. Cet ustensile vous simplifiera la vie. Choisissez une mandoline française ou japonaise, dotée de lames bien aiguisées, que vous utiliserez avec prudence.

• Une balance électronique: Il est difficile de mesurer de minuscules quantités, par exemple 15 g (½ oz), sur une balance traditionnelle à ressort. Les balances électroniques sont très précises et plusieurs marques indiquent aussi bien les grammes que les onces.

• Un petit fouet: Utile pour émulsionner les sauces épaisses.

• Une poêle à fond cannelé: Naturellement, vous pouvez vous servir d'un gril traditionnel, mais cette poêle donne une plus belle apparence aux légumes et à la viande, tout en les relevant d'un petit goût fumé.

• Un mortier et un pilon: Ils sont utiles pour préparer la Vinaigrette au piment et au citron vert à la thaïlandaise (p. 123) et écraser des épices fraîchement grillées. Ne gaspillez pas votre argent à acheter un ensemble en céramique, car ce sont les mortiers et pilon en pierre ou en marbre qui fonctionnent le mieux.

• Un moulin électrique à épices: Pour moudre vos épices au fur et à mesure, procurez-vous un petit moulin électrique ou un moulin à café. Le goût et l'arôme des épices fraîchement moulues dépassent largement ceux des épices en flacon.

Saveurs exotiques

Chaque région du monde possède ses combinaisons de fines herbes fraîches, d'épices moulues et de condiments qui définissent bien sa cuisine, un je ne sais quoi, une saveur subtile qui est parfois difficile à isoler. Ce sont ces ingrédients exotiques qui donneront à vos salades leur goût bien particulier.

Peut-être devrez-vous les acheter dans des magasins spécialisés, les commander par catalogue ou en ligne, mais la plupart se conservent longtemps et ne sont utilisés qu'en très petite quantité. Ce guide vous aidera à mieux comprendre ces petites merveilles et à vous donner de l'inspiration pour créer vos propres salades.

ASIE DU SUD-EST

- *Sauce de poisson* – À la fois assaisonnement et condiment, cette sauce porte le nom de nam-pla en Thaïlande et de nuoc-mam au Vietnam. Le liquide jaune pâle est produit en pressant des anchois salés fermentés. Cette sauce est irremplaçable dans les vinaigrettes au citron vert, mélangée à des piments et à du sucre.

- *Citronnelle* – Le parfum acide de la citronnelle provient du citral, huile essentielle que l'on trouve aussi dans le zeste de citron. Utilisez la partie inférieure de la tige et retirez les couches extérieures trop dures à l'aide d'un couteau bien aiguisé. Hachez finement le cœur, qui est beaucoup plus tendre. La citronnelle se conserve plus de 1 mois au réfrigérateur et se congèle très bien.

- *Feuilles de lime* – Ces feuilles parfumées proviennent du limettier kaffir. Finement hachées, elles entrent dans la composition des vinaigrettes et des salades. Les feuilles fraîches sont difficiles à trouver, mais elles se congèlent remarquablement bien tout en conservant leur saveur.

- *Sucre de palme* – Parfois appelé jagré, ce sucre brun non raffiné est fabriqué avec la sève bouillie du palmier. On le vend sous forme de pâte compacte et il a un goût de caramel lorsqu'on le mélange au jus de citron vert et à la sauce de poisson.

- *Piments* – C'est grâce à Christophe Colomb si le monde entier peut aujourd'hui savourer les piments. En règle générale, plus le piment est petit, plus il est fort, et vice versa. En lui retirant ses graines et ses membranes, vous le rendrez moins piquant. Je vous recommande d'utiliser la variété de la taille du pouce, que l'on peut acheter au supermarché. Ces piments ont encore beaucoup de goût, mais ils ne nous brûlent pas la bouche.

• *Gingembre* – Râpé dans une vinaigrette, coupé en julienne dans une salade ou frit pour obtenir des Bâtonnets croustillants au gingembre, cette plante, qui ressemble à une petite branche d'arbre, a un parfum prononcé, à la fois sucré et poivré.

• *Sauce douce au piment* – Il s'agit d'un condiment à la fois sirupeux, doux et épicé, dans lequel on trempe des aliments frits ou des morceaux de viande grillée. On peut aussi le mélanger à une vinaigrette.

• *Lait ou crème de coco* – Pour obtenir une vinaigrette qui accompagnera les crevettes ou le poulet, mélangez le lait ou la crème de coco à de la sauce de poisson, du jus de citron vert et du sucre. Lorsque vous ouvrez une boîte de lait de coco, recueillez la partie solide à l'aide d'une cuillère, vous aurez de la crème. Vous pouvez aussi secouer la boîte avant de l'ouvrir pour bien la mélanger, et vous aurez du lait de coco.

• *Fines herbes fraîches* – La menthe, la coriandre et le basilic sont des ingrédients essentiels à la cuisine sud-asiatique. On utilise souvent les feuilles entières au lieu de les hacher, afin de rehausser le goût et la couleur d'un plat.

• *Basilic doux thaïlandais* – Cette herbe très parfumée, aux petites feuilles pointues, ressemble au basilic méditerranéen, mais son goût de réglisse est plus prononcé. Ce type de basilic est en vente seulement dans les épiceries thaïlandaises et ne doit pas être confondu avec le «basilic sacré» ou *kaprow*, utilisé pour préparer la pâte de cari. Consommez-le dans les deux jours qui suivent son achat, car il s'évente très vite.

MÉDITERRANÉE

• *Câpres* – Appréciées pour leur goût acide dans les vinaigrettes et les salades, les câpres sont en réalité les boutons floraux du câprier, arbuste des régions méditerranéennes. Les petites câpres confites dans le sel sont préférables à la variété vendue dans la saumure. Avant de les utiliser, rincez-les bien ou faites-les tremper pour enlever le sel. Mélangées à des anchois et à de l'ail haché, elles relèveront merveilleusement votre salade.

• *Câpres espagnoles* – Ces délicieuses bouchées, qui sont surtout utilisées pour préparer des *tapas* ou des salades espagnoles, sont en fait de grosses câpres. Lorsqu'on les laisse mûrir sur la branche, elles acquièrent un cœur plein de petites graines, semblable à l'intérieur d'une figue. Elles sont vendues dans la saumure et devraient être conservées au réfrigérateur.

• *Olives* – Surtout cultivées dans les pays méditerranéens, en Amérique du Sud et aux États-Unis, les variétés d'olives sont innombrables. Mes préférées sont les olives noires italiennes, salées à sec, dont le goût ne l'emporte pas sur celui des autres ingrédients et qui sont faciles à dénoyauter. Elles sont également excellentes en purée dans les vinaigrettes ou hachées dans les salades.

• *Anchois* – On les adore ou on les déteste. Ces petits poissons de la Méditerranée sont appréciés pour leur goût à la fois salé et piquant. Ils sont vendus en bocaux ou en boîte, dans le sel ou l'huile d'olive. Choisissez de préférence une marque espagnole ou italienne. Rincez-les bien, puis faites-les tremper dans du lait ou de l'eau pendant 5 min pour atténuer un peu le goût très prononcé de poisson salé.

• *Saba* – Semblable au verjus, le saba est un liquide non alcoolisé à base de jus de raisin concentré. Il est très utile pour réhydrater les fruits secs, mélangé à du vinaigre balsamique, ou encore pour préparer des vinaigrettes.

• *Graines de fenouil* – À ne pas confondre avec les graines d'anis. Comme l'anis, le fenouil a un goût de réglisse, mais il est plus doux. Broyez les graines grossièrement pour les incorporer à votre vinaigrette. Dans vos salades, elles relèveront le goût du porc ou des fruits de mer.

• *Origan* – Cette herbe ressemble beaucoup à la marjolaine, mais son arôme est plus prononcé. Utilisé en petite quantité, l'origan frais ou séché donne un goût bien particulier aux salades. La variété séchée mexicaine est extrêmement forte, il faut donc l'utiliser avec parcimonie.

• *Fines herbes* – Dans les pays méditerranéens, les assaisonnements vedettes sont le persil plat ou persil italien, l'aneth, l'origan, la menthe, le basilic, le thym, la ciboulette et l'estragon. Ils ont tous un goût qui se marie parfaitement aux vinaigrettes, aux légumes ou à la laitue.

AMÉRIQUE DU SUD ET AMÉRIQUE LATINE

• *Piments chipotle dans la sauce adobo* – Il s'agit de piments forts séchés, puis réhydratés dans une sauce

tomate à l'ail et généralement vendus en conserve. Ces jalapeños sont fumés et séchés, ce qui leur donne un goût très particulier. La sauce est excellente dans les salades de pommes de terre ou mélangée à du jus de citron vert pour préparer une vinaigrette épicée.

• *Jalapeños* – Il existe plus de 200 variétés de piments et plus d'une centaine sont originaires du Mexique. Il est donc difficile de faire son choix. Pour vos salades, utilisez des jalapeños ou des piments verts forts de la taille du pouce, vous les trouverez dans la plupart des supermarchés. Retirez les graines et les membranes si vous craignez qu'ils ne vous brûlent la bouche. Les piments verts sont particulièrement appréciés dans les vinaigrettes à base de jus de citron vert et de coriandre.

• *Chili en poudre* – Dans ce livre, j'en utilise plusieurs variétés, mais la plupart ont un arôme légèrement fumé, qui s'harmonise à merveille avec les salades de tomate, de laitue ou de pommes de terre.

• *Paprika* – Selon votre goût, utilisez du paprika espagnol ou hongrois. Le premier donne une saveur légèrement plus fumée aux aliments. Notez cependant qu'en général, le paprika perd son arôme après 6 mois. Remplacez-le donc régulièrement.

• *Cayenne* – Il s'agit d'un assaisonnement extrêmement fort. De minuscules piments rouge vif, les piments de Cayenne, sont réduits en poudre. Quelques grains suffisent à relever n'importe quel plat.

• *Fines herbes fraîches* – La coriandre est la plus couramment employée dans la cuisine mexicaine et sud-américaine. Elle figure dans presque toutes les recettes.

MOYEN-ORIENT ET AFRIQUE DU NORD

• *Sirop de grenade épais appelé mélasse de grenade* – Ce condiment sirupeux d'origine perse est fabriqué avec du jus de grenade concentré. De tous les fruits, la grenade est celui dont la manutention exige le plus de main-d'œuvre. Le goût aigre-doux du sirop se marie délicieusement aux autres ingrédients des vinaigrettes. Il est d'ailleurs très utile pour remplacer le vinaigre.

• *Citrons confits* – Les citrons sont confits dans un mélange de sel et de jus de citron qui leur enlève leur amertume et leur donne un petit goût sucré. Surtout utilisés dans les tajines, ils sont également excellents hachés menu dans une salade nord-africaine. Retirez toute la pulpe et rincez soigneusement le zeste avant l'utilisation. Pour faire votre propre confit, placez dans un bocal 5 citrons en quartiers et 80 g (½ tasse) de sel de mer. Couvrez le tout de jus de citron, mettez un couvercle hermétique et laissez reposer 2 semaines.

• *Harissa* – Cette pâte de piment, extrêmement piquante, est très populaire en Afrique du Nord et au Moyen-Orient. Elle se vend en tube ou en bocal. Elle est généralement fabriquée avec des piments, de l'ail, du cumin, de la coriandre et de l'huile d'olive. Quelques milligrammes suffiront pour relever vos plats.

- *Yogourt à la grecque (nature)* – C'est la crème des yogourts! À base de lait entier, il a été filtré de manière à produire un délice onctueux, d'une consistance épaisse, comparable à celle de la crème fraîche ou de la crème sure. Il se marie à merveille aux salades de concombre, de couscous ou de légumes grillés. Si vous ne trouvez pas de yogourt à la grecque, achetez du yogourt nature à base de lait entier, que vous laisserez filtrer toute la nuit à travers une mousseline à fromage.

- *Paprika espagnol (pimentón)* – Très différent de son cousin hongrois, il possède un arôme particulier, plutôt fumé. Les salades marocaines de carottes ainsi que d'autres salades espagnoles ou nord-africaines sont ravivées par cette noble épice, d'un beau rouge cerise. Du plus piquant au plus doux, le paprika se vend dans de petites boîtes de conserve. À vous de choisir.

- *Sumac* – C'est une épice libanaise, de couleur pourpre, fabriquée avec des baies de l'arbre du même nom. Elle possède un goût amer et astringent. En général, on en saupoudre les salades ou les fromages. Vous la trouverez le plus souvent sur la *fattouche*, une salade du Moyen-Orient à base de légumes hachés et de pain pita grillé.

- *Safran* – Voilà bien l'épice la plus chère du monde! De petites taches d'un beau rouge-orange lui donnent sa merveilleuse couleur. Le safran est idéal pour relever le couscous, le poulet ou l'ailloli. Achetez des pistils de safran plutôt que de la poudre, car en poudre, il risque d'avoir été mélangé à d'autres épices. Pour lui faire rendre tout son arôme, écrasez-le au fond d'une cuillère et infusez-le dans une cuillerée à soupe d'eau chaude avant de l'utiliser.

- *Cumin* – C'est une épice ancienne, au goût de noisette, qui se marie très bien avec les salades de volaille, de fruits de mer et de couscous. Il n'y a aucune comparaison entre le cumin déjà moulu et les graines que l'on grille et moud soi-même. Il vaut mieux en acheter de petites quantités à la fois, car le cumin perd son arôme après 6 mois.

- *Coriandre* – Cette épice, qui est connue depuis la nuit des temps, était utilisée en Égypte ancienne. Elle assaisonne parfaitement les salades à base de viande, volaille ou piments grillés. Achetez des graines tous les 6 mois, faites-les griller et mettez-les en poudre vous-même plutôt que de vous contenter de coriandre déjà moulue.

- *Cannelle* – Faite avec l'écorce du cannelier (variété de laurier), la cannelle est vendue moulue ou en bâtons. Il en existe deux variétés. Celle qui provient du Ceylan possède une teinte claire et un arôme plutôt doux, tandis que celle qui provient du cannelier de Chine a une couleur de terre cuite et possède une saveur douce-amère beaucoup plus prononcée. La cannelle donne du goût aux salades de couscous ou de volaille et se marie merveilleusement bien avec la grenadine.

- *Fines herbes fraîches* – Dans certaines salades du Moyen-Orient, on a l'impression que les fines herbes occupent une place plus importante

que la laitue ou les légumes. Le persil italien, la coriandre, la menthe et l'aneth sont les ingrédients de base que l'on trouve le plus souvent.

INDE

• *Cardamome* – Cette épice au goût parfumé se vend dans sa capsule ou moulue. L'épice moulue perdra vite sa saveur après évaporation des huiles essentielles. Dans un mortier, à l'aide du pilon, écrasez la capsule, retirez-en les graines, puis broyez-les afin d'obtenir une poudre fine. Comme cette épice est généralement utilisée en petite quantité, cela ne devrait pas vous demander beaucoup de travail.

• *Curcuma* – Ce n'est pas seulement son goût qui en fait une épice appréciée, c'est aussi sa riche couleur jaune-orange. Le curcuma convient très bien aux salades de pommes de terre ou de volaille. Jetez-le après 6 mois, car il perd vite son arôme.

• *Graines de moutarde* – Il s'agit de petites graines d'un blanc nacré, excellentes dans les vinaigrettes que vous préparerez pour assaisonner les salades consistantes, de pommes de terre ou de chou, par exemple. Faites-les légèrement griller avant de les utiliser.

• *Coriandre* – Voir Moyen-Orient et Afrique du Nord.

• *Cumin* – Voir Moyen-Orient et Afrique du Nord.

• *Cari en poudre* – Les Indiens moulent chaque jour la quantité de cari qui leur est nécessaire. Ils ont donc une piètre opinion de nos marques industrielles. La poudre de cari est constituée d'une vingtaine d'épices différentes. Et il en existe des centaines de variétés. «Masala» signifie simplement «mélange». Chaque région de l'Inde possède sa propre recette, du cari de Madras au garam masala. À l'aide d'un moulin électrique à épices, essayez de concocter votre propre mélange. La différence vous étonnera.

• *Noix de coco déshydratée (non sucrée)* – Il s'agit simplement de pulpe de noix de coco séchée et hachée finement. Dans vos salades de fruits ou de légumes, utilisez de la noix de coco non sucrée. Elle est très couramment utilisée dans la cuisine d'Asie du Sud-Est, tout comme dans les recettes indiennes.

• *Fines herbes fraîches* – La coriandre, les feuilles de cari ou feuilles de Murraya, l'aneth et la menthe sont très populaires.

CHINE

• *Sauce soya* – On obtient cet ingrédient, souvent utilisé dans la cuisine asiatique, en faisant fermenter du soya bouilli et du blé ou de l'orge grillé. Il en existe de nombreuses variétés, de la plus claire à la plus épaisse. La plus claire est aussi la plus salée, tandis que la plus foncée, même si elle est plus concentrée, est la plus douce. À moins

que la recette ne requière un type particulier, utilisez la variété la plus courante.

• *Vin de riz* – À la fois vin de table et vin de cuisine, il est fait de riz, de millet et de levure. Son goût rappelle celui du xérès sec, qu'il peut d'ailleurs remplacer, au besoin. La variété la plus réputée, dit-on, est le chao xing. Il a sa place dans les vinaigrettes à base de sauce soya pour relever les salades de légumes frits comme les aubergines ou les haricots verts.

• *Sauce Hoisin* – C'est une sauce de couleur brun-rouge, au goût aigre-doux, à base de soya, de sucre, d'ail et de vinaigre. Elle s'harmonise très bien avec les salades de nouilles, de canard ou de poulet.

• *Sauce de haricots noirs* – Pour obtenir cette sauce, qui est à la fois épicée, salée et aigrelette, il faut faire fermenter du soya ou des haricots noirs, des piments séchés, de l'ail et d'autres condiments. Elle relève les vinaigrettes.

• *Gingembre et piments* – Voir Asie du Sud-Est.

• *Fines herbes fraîches* – La coriandre et la ciboulette sont les plus utilisées.

JAPON

• *Gingembre mariné* – Racine de gingembre coupée en fines tranches que l'on fait ensuite mariner dans un vinaigre doux. Ce savoureux ingrédient des salades et vinaigrettes est aussi très décoratif.

• *Nori* – Il s'agit d'une algue que l'on utilise surtout pour envelopper le sushi, mais son goût marin, très agréable, en fait un ingrédient qui accompagne bien les salades de riz ou les salades japonaises. Cette algue est extrêmement riche en vitamines, minéraux et protéines.

• *Mirin* – On l'appelle parfois le saké doux japonais. C'est un vin de riz auquel on a ajouté du sucre. Il adoucit les vinaigrettes à la sauce soya.

• *Miso* – Cette pâte de soya fermentée et assaisonnée donnera à vos salades un petit goût de noisette, légèrement salé. Il en existe quatre variétés: la blanche (à base de riz, très douce), la jaune (à base de riz, salée et plus acide), la rouge (à base d'orge, au goût prononcé) et la marron foncé (à base de haricots noirs, riche et beaucoup plus salée). Le miso se conserve près de 3 mois au réfrigérateur.

• *Wasabi* – Il s'agit d'un raifort japonais très piquant, que l'on mange généralement avec les sushis. Quelques milligrammes de pâte suffiront à éclaircir vos sinus. Par conséquent, utilisez-en

très peu. Il relève agréablement les vinaigrettes chinoises et japonaises des salades de nouilles ou de poisson grillé. Vous le trouverez en magasin sous forme de poudre ou déjà préparé, en tube.

• *Tamari* – C'est une sauce soya qui ne contient pas de blé. Certains lui trouvent un goût plus fin et plus moelleux que la sauce soya traditionnelle de Chine.

Elle est idéale pour faire toutes les vinaigrettes au soya.

• *Graines de sésame* – La première mention de cet assaisonnement remonte à 3000 ans avant notre ère. Ces petites graines plates ont des teintes différentes. Les plus répandues sont noires ou d'un blanc ivoire. Lorsqu'on les fait griller, elles sentent la noisette et se marient merveilleusement bien aux ingrédients des salades asiatiques. Les graines de sésame noires sont très jolies dans les salades quand on en recouvre le poulet ou les fruits de mer.

INDONÉSIE

• *Kecap manis* – C'est une sauce brun foncé qui a la consistance d'un sirop, semblable au soya mais plus douce et plus complexe. Elle est fabriquée avec du soya, du sucre de palme, de l'ail et de l'anis étoilé. Sa consistance épaisse et son goût sucré en font la sauce idéale pour recouvrir les nouilles ou la mélanger aux piments, à l'ail et au gingembre dans les vinaigrettes asiatiques.

• *Sambal oelek* – Cette pâte composée de piments mélangés à de la cassonade et à du sel est généralement vendue dans de petits bocaux. C'est la solution parfaite quand vous n'avez pas le temps de hacher des piments frais. Elle est excellente dans les vinaigrettes à base de soya et de citron vert.

• *Tamarin* – Voici l'un des ingrédients secrets de la sauce Worcestershire et du Coca-Cola. Le tamarin, au goût aigre-doux, est fabriqué avec la pulpe de la gousse d'un arbre indien. C'est une pâte collante, que l'on fait tremper dans l'eau avant de la filtrer. Elle entre dans la composition des boissons rafraîchissantes, des vinaigrettes et des sauces. Vous la trouverez dans les épiceries asiatiques sous forme de gros cubes collants ou de liquide dans des bocaux.

• *Fines herbes fraîches* – On trouve les mêmes fines herbes dans toute l'Asie du Sud-Est. Les plus populaires sont la coriandre, le basilic, la menthe et la citronnelle.

La verdure

La verdure est au cœur de la plupart des salades. Elle leur donne de la texture, un goût subtil et une jolie couleur. Sans compter qu'elle contient une grande quantité d'éléments nutritifs et très peu de calories. En règle générale, plus les feuilles sont foncées, meilleures elles sont pour la santé. La plupart des feuilles sont riches en vitamines A et C. Certaines, comme les épinards, contiennent aussi du fer. La culture des salades n'est pas une chose très compliquée, mais si vous n'avez pas le pouce vert, les supermarchés offrent aujourd'hui une gamme de plus en plus variée de laitues et de jeunes feuilles. Toutefois, votre enthousiasme risque de se transformer en perplexité, car le choix est étourdissant. Ne vous découragez pas. Le petit guide ci-dessous vous aidera à vous y retrouver.

LES FEUILLES DOUCES

Ces feuilles douces au goût subtil figurent trop souvent dans les salades vertes passe-partout et elles aimeraient avoir une existence plus raffinée. Il faut donc les marier à des saveurs fortes. Elles se marient bien aux fromages au goût piquant comme la feta, le parmesan et le gorgonzola, ainsi qu'aux vinaigrettes crémeuses ou à l'ail. La laitue pommée est idéale pour préparer les salades d'Asie du Sud-Est, relevées d'une vinaigrette au citron vert et au piment. Les épinards et la romaine sont les vedettes de ce groupe, car leurs feuilles plus fermes leur permettent de conserver leur texture, même sous la vinaigrette.

- Laitue feuille de chêne rouge (8)
- Lollo rosso
- Lollo biondo (9)
- Laitue beurre (pommée)
- Laitue Boston
- Laitue iceberg
- Mâche
- Épinards
- Romaine
- Laitue Bibb

LES FEUILLES POIVRÉES-ÉPICÉES

Texture veloutée et goût épicé font de ces feuilles poivrées le complément parfait des vinaigrettes à base d'huile d'olive, de vinaigre ou de jus d'agrumes, de sauce soya et d'ail. Au lieu d'en utiliser une seule variété, mélangez-en deux ou trois. Elles font aussi bon ménage avec les feuilles douces ou amères, comme celles de l'endive. En général, vous trouverez les jeunes feuilles déjà mélangées, c'est ce qu'on appelle le mesclun : jeunes bettes à cardes, jeunes feuilles de moutarde, roquette et mizuna. Le mesclun, au goût à la fois prononcé et délicat, peut constituer une salade à part entière, assaisonné d'une simple vinaigrette. Pour ajouter une touche raffinée, garnissez-le de fleurs comestibles, comme les capucines.

- Cresson
- Roquette
- Mizuna (1)
- Jeune chou vert
- Tatsoi
- Jeunes feuilles de moutarde (2)
- Jeunes feuilles de betterave (3)
- Jeunes bettes à cardes

(1)    (2)

LES FEUILLES AMÈRES

Appréciées pour leur texture agréable et leur goût amer très particulier, ces feuilles ont toutefois grand besoin de compagnie comme les noix grillées, la pancetta frite ou les fromages bleus. Elles se marient bien aux vinaigrettes au vinaigre de framboise, au vinaigre de xérès, au vinaigre balsamique, aux huiles de noix, ainsi qu'aux vinaigrettes tièdes, à l'ail et aux anchois. La frisée est un ingrédient indispensable des salades françaises, accompagnée de chèvre chaud, d'œufs pochés ou de bacon croustillant. Le radicchio demeure la vedette de l'*insalata mista* italienne et son rouge profond vient raviver les couleurs parfois ternes des autres ingrédients. Ne vous contentez pas de servir ces feuilles crues, elles sont excellentes grillées ou braisées.

- Radicchio (6)
- Trévise
- Endive (7)
- Frisée
- Scarole
- Feuilles de pissenlit

(5)

(6)

(7)

(8)

(3)

(4)

LES CHOUX

Ces légumes passe-partout souffrent d'une triste réputation, entièrement injustifiée, car ils ont servi d'aliment de base lors de crises économiques. En outre, ils permettent de composer les plus colorées, les plus croustillantes et les plus savoureuses des salades. Contrairement à la plupart des autres feuilles de salade, ils peuvent séjourner plusieurs jours dans la vinaigrette sans perdre leur texture. On les utilise généralement dans les salades de chou et les salades tièdes d'hiver. Et on peut leur ajouter des légumes croquants hachés, comme les oignons, les poivrons et les carottes. Le chou se marie très bien à des mayonnaises piquantes ou à des vinaigrettes acidulées, assaisonnées de graines de céleri ou de graines de carvi. Le chou de Chine (pé-tsaï ou pak-choï), relevé d'une vinaigrette au vinaigre de riz et à l'huile de sésame, est idéal pour préparer les salades asiatiques.

- Chou de Savoie
- Chou blanc
- Chou pommé vert
- Chou rouge (5)
- Chou de Chine (pé-tsaï ou pak-choï) (4)

(9)

LES ANTIPASTI, LES MEZZE ET LES TAPAS

Ces plats que l'on présente en petites portions ont un goût extraordinaire. Et en fait, les *mezze,* les antipasti et les tapas donnent le coup d'envoi au repas. Leurs saveurs éblouissantes viennent chatouiller vos papilles et préparent le palais pour la suite. Le goût prononcé de certains fromages, la douceur des poivrons ou le sel des anchois peuvent composer ces petits plats raffinés qui se mangent avec une fourchette, avec les doigts ou avec un morceau de pain. Ce n'est donc pas surprenant si ces plats sont parfois ceux dont on se souvient le plus de tout le repas.

Croûtons aux figues,
au prosciutto et à la ricotta

6 portions en hors-d'œuvre, 4 portions en plat principal
ou 8 portions en accompagnement · Préparation : 30 min

*J'ai mangé cette délicieuse entrée dans une trattoria, à Toronto, avec
une amie. Vous pouvez trouver des figues miniatures ou des figues
séchées dans les boutiques où l'on vend des produits du Moyen-Orient.*

• Mettre les figues dans une petite casserole, ajouter assez d'eau
pour les couvrir et porter à ébullition. Baisser le feu et laisser mijoter
10 min. Égoutter.

• Porter à ébullition le vinaigre balsamique et les 125 ml (½ tasse) d'eau
avec le sucre, le sel et le poivre. Ajouter les figues, baisser le feu et
laisser mijoter 15 min ou jusqu'à ce que le vinaigre ait la consistance d'un
sirop et que les figues soient réhydratées. Laisser refroidir légèrement.
Disposer la roquette sur des assiettes individuelles ou dans un grand plat.
Étendre la ricotta sur chaque tranche de pain grillée, puis déposer une
tranche de prosciutto sur le fromage. Garnir chaque croûton de 2 figues
coupées, puis les disposer sur la roquette.

• Verser encore un peu de vinaigre balsamique sur la salade. Parsemer
le tout de poivre noir fraîchement moulu et servir.

UN PEU D'ORGANISATION

Faites griller le pain 2 jours à l'avance. Préparez les figues la veille, puis
réchauffez-les avant de faire l'entrée. Il faut réunir les ingrédients pour
faire les croûtons tout juste avant de servir, pas avant.

VARIANTES

Remplacez la ricotta par du fromage de chèvre ou du gorgonzola. Vous
pouvez remplacer les figues séchées par des fraîches. Faites-les alors
mariner dans le vinaigre balsamique, mais ne les réchauffez pas.

INGRÉDIENTS

- 16 figues séchées
- 125 ml (½ tasse) de vinaigre balsamique,
  plus une quantité supplémentaire pour
  verser sur la salade
- 125 ml (½ tasse) d'eau
- 1 c. à soupe de sucre
- 1 c. à café (1 c. à thé) de sel
- ½ c. à café (½ c. à thé) de poivre noir
  fraîchement moulu, plus une quantité
  supplémentaire pour servir
- 2 grosses poignées de roquette
- 100 g (à peine ½ tasse) de fromage ricotta
  à base de lait entier
- 8 tranches de ciabatta, de pain au levain
  ou de pain croûté, grillées et badigeonnées
  d'huile d'olive
- 8 tranches de prosciutto

Courgettes miniatures, menthe et bocconcini

- 600 g (1 lb 5 oz) de courgettes miniatures coupées en 2 dans le sens de la longueur ou 6 petites courgettes coupées en tranches de 1 cm (1/2 po) dans le sens de la longueur
- 6 c. à soupe d'huile d'olive
- 1 c. à café (1 c. à thé) de sel
- 1 c. à café (1 c. à thé) de poivre noir fraîchement moulu
- 150 g (5 oz) de fromage bocconcini ou 3 boules de fromage mozzarella ordinaire, coupé en morceaux de 2,5 cm (1 po)
- 25 feuilles de menthe fraîche

LA VINAIGRETTE AIGRE-DOUCE
- 5 c. à soupe d'huile d'olive extra-vierge
- 2 gousses d'ail en tranches fines
- 5 c. à soupe de vinaigre de vin rouge
- 1/2 c. à café (1/2 c. à thé) de piment rouge en flocons
- 1 1/2 c. à soupe de miel liquide
- 1 petit oignon rouge en tranches fines
- 1 c. à café (1 c. à thé) de sel
- 1 c. à café (1 c. à thé) de poivre noir fraîchement moulu

6 portions en hors-d'œuvre ou 8 portions en accompagnement
Préparation : 30 min

J'avais tenté de faire cette recette à plusieurs reprises, mais je n'étais jamais satisfaite. Sur les conseils d'une amie, une cuisinière italienne réputée, je me suis remise à la tâche en utilisant des courgettes miniatures, du fromage bocconcini et une vinaigrette aigre-douce. Et vous savez quoi? Cette fois, c'était tout à fait savoureux.

- Préchauffer le four à 200 °C (400 °F).

- Déposer les courgettes dans un plat à rôtir peu profond, ajouter l'huile d'olive, le sel et le poivre, puis brasser le tout. Les faire griller de 20 à 30 min jusqu'à ce qu'elles soient dorées en agitant le plat toutes les 10 min pour les empêcher de coller. Les retirer du four et les mettre dans un plat de service.

- Pour faire la vinaigrette : dans un petit poêlon, chauffer l'huile d'olive et l'ail jusqu'à ce que l'ail soit doré. Ajouter le vinaigre, le piment en flocons, le miel, l'oignon, le sel et le poivre, puis laisser mijoter de 4 à 5 min jusqu'à ce que le mélange ait la consistance d'un sirop. Retirer du feu et réserver.

- Déposer le fromage sur les courgettes. Verser un filet de vinaigrette sur la salade et parsemer de feuilles de menthe. Servir chaud ou à la température de la pièce.

UN PEU D'ORGANISATION
Vous pouvez faire la salade 3 h à l'avance, mais pas plus, car les saveurs pourraient être trop prononcées.

VARIANTES
Vous pouvez remplacer la vinaigrette aigre-douce par de la Vinaigrette huile d'olive et citron, de la Vinaigrette au vinaigre balsamique ou par de la Vinaigrette traditionnelle au vinaigre de vin rouge. Vous pouvez cuire les courgettes au barbecue plutôt que de les mettre au four. Finalement, vous pouvez aussi remplacer la mozzarella par de la feta, du gorgonzola ou de la ricotta.

LES ANTIPASTI, LES MEZZE ET LES TAPAS   27

Salade de feta à l'aneth et à la menthe

Voici une recette à saveur exotique pleine de bons aliments santé. Assurez-vous d'utiliser le fromage feta crémeux grec ou turc, car les autres pourraient être trop salés. Vous devez absolument utiliser de l'aneth frais.

- Dans un bol, émietter le fromage feta, ajouter l'huile et le jus de citron et faire une purée. Poivrer.

- Ajouter les concombres, l'oignon et les fines herbes hachées. Mélanger délicatement. Saler, au besoin.

- Servir avec des lisières de pain pita croustillantes (voir p. 127 les Croûtons de pita, mais couper le pita en lisières plutôt qu'en cubes).

UN PEU D'ORGANISATION

Vous pouvez faire une partie de cette salade 3 h à l'avance, mais ajoutez le jus de citron, l'huile et l'oignon juste avant de servir.

VARIANTES

Pour obtenir une saveur légèrement épicée, ajoutez ½ c. à café (½ c. à thé) de cumin moulu ou 1 piment rouge coupé en fins dés. Remplacez la feta par du fromage de chèvre à pâte ferme.

- 200 g (7 oz) de fromage feta égoutté
- 3 c. à soupe d'huile d'olive extra-vierge
- Le jus de ½ citron
- ½ c. à café (½ c. à thé) de poivre noir
- 2 petits concombres libanais parés et coupés en dés ou 1 concombre moyen épépiné et coupé en dés
- 1 petit oignon rouge coupé en fins dés
- 2 c. à soupe de menthe fraîche, hachée
- 2 c. à soupe de persil frais, haché
- 2 c. à soupe d'aneth frais, haché
- Sel (facultatif)
- Pains pita pour servir

LES PIMENTS PIQUILLOS FARCIS AU FROMAGE DE CHÈVRE

- 200 g (7 oz) de fromage de chèvre à pâte ferme
- 2 bocaux de 200 g (7 oz) de piments piquillos égouttés
- 2 c. à soupe de persil frais, finement haché
- ½ c. à café (½ c. à thé) de sel
- ½ c. à café (½ c. à thé) de poivre noir

LES POMMES DE TERRE À L'AILLOLI AU SAFRAN

- 6 grosses pommes de terre rouges
- 1 recette d'Ailloli au safran (voir p. 121)
- 1 gros bouquet de ciboulette fraîche, finement hachée

LES ASPERGES À LA VINAIGRETTE AU VINAIGRE DE XÉRÈS ET À L'HUILE D'OLIVE

- 2 paquets d'asperges parées
- 2 c. à soupe de persil frais, finement haché
- 1 recette de Vinaigrette au vinaigre de xérès et à l'huile d'olive (voir p. 121)

Tapas à l'espagnole –
Piments piquillos farcis au fromage de chèvre, Pommes de terre à l'Ailloli au safran et Asperges à la Vinaigrette au vinaigre de xérès

PRÉPARATION

Les petits plats que l'on appelle tapas ne sont pas seulement des amuse-gueules, ils peuvent aussi composer un repas. Des poireaux vinaigrette aux chorizos grillés, tous possèdent des saveurs bien caractéristiques.

- Pour faire les piments farcis : couper le fromage en morceaux de 1 cm (½ po), puis en farcir délicatement les piments. Parsemer de persil, puis saler et poivrer. Placer au réfrigérateur jusqu'au moment de servir.

- Pour faire les pommes de terre : cuire les pommes de terre avec la pelure dans l'eau bouillante salée jusqu'à ce qu'elles soient tendres. Les égoutter et les laisser refroidir légèrement, puis les peler et les couper en cubes de 1 cm (½ po).

- Préparer l'ailloli et le mélanger délicatement avec les cubes de pommes de terre. Parsemer de ciboulette hachée, puis placer au réfrigérateur jusqu'au moment de l'utilisation.

- Pour faire les asperges : blanchir les asperges à l'eau bouillante salée jusqu'à ce qu'elles soient al dente. Les égoutter, puis les plonger immédiatement dans de l'eau glacée. Les laisser dans l'eau pendant 2 min. Les égoutter ensuite sur du papier essuie-tout. Verser une partie de la vinaigrette sur les asperges. Parsemer de persil frais et réserver.

- Pour servir : Disposer tous les tapas sur un plat de service ou sur des assiettes individuelles. Verser ensuite une petite quantité du reste de Vinaigrette au vinaigre de xérès sur les piments.

UN PEU D'ORGANISATION

Tous ces plats peuvent être faits jusqu'à 5 h à l'avance, puis placés au frigo.

VARIANTES

Si vous préférez une entrée à l'italienne, remplacez la vinaigrette par une vinaigrette au vin rouge ou au vinaigre balsamique. Vous pouvez aussi employer de la ricotta ou un autre type de fromage italien pour farcir les piments. S'il vous est impossible de trouver des piments piquillos, utilisez des poivrons grillés coupés en 2, farcis et roulés.

NOTE : Les piments piquillos sont de tout petits piments rouges fumés et grillés. Vous les trouverez en bocaux dans les épiceries espagnoles.

Poivrons rouges grillés
au miel accompagnés de pignons

4 à 6 portions en hors-d'œuvre ou 8 portions en accompagnement
Préparation : 20 min

Y a-t-il des vinaigrettes avec lesquelles les poivrons grillés ne font pas bon ménage? C'est sans doute l'exception, et je vous offre l'une de mes préférées. Ici, la douceur des poivrons se mêle magnifiquement bien avec la saveur du miel et celle du vinaigre balsamique.

• Préchauffer le four à *broil*. Déposer les poivrons, la peau vers le haut, sur une grande tôle à biscuits. Les cuire jusqu'à ce qu'ils soient presque carbonisés, puis les mettre dans un sac en plastique, fermer le sac hermétiquement et laisser reposer 5 min.

• Quand les poivrons sont assez froids pour être manipulés, les peler, mais ne pas les rincer. Hacher la chair en morceaux de 1 cm (½ po), puis les mettre dans un bol.

• Dans une sauteuse, chauffer l'huile d'olive et y cuire l'ail jusqu'à ce qu'il soit doré. Verser le mélange sur les poivrons, puis ajouter le vinaigre, le persil, les pignons, le miel, le sel et le poivre. Bien mélanger et laisser reposer à la température de la pièce.

UN PEU D'ORGANISATION

Vous pouvez préparer les poivrons complètement et les placer au frigo. Ils se conserveront 2 jours.

VARIANTES

Vous pouvez ajouter du fromage feta ou des morceaux de gorgonzola. Pour faire des tapas à l'espagnole, remplacez le vinaigre balsamique par du vinaigre de xérès. Si vous préférez les saveurs du Moyen-Orient, mettez du jus de citron plutôt que du vinaigre, puis ajoutez de la menthe fraîche, hachée et de la harissa. Si vous voulez une salade plus nutritive, couronnez-la de saucisses de porc italiennes ou de tranches de poulet grillé.

INGRÉDIENTS

- 8 poivrons rouges ou jaunes épépinés et coupés en quartiers
- 4 c. à soupe d'huile d'olive extra-vierge
- 2 grosses gousses d'ail en tranches fines
- 2 c. à soupe de vinaigre balsamique
- 3 c. à soupe de persil italien frais, haché
- 60 g (½ tasse) de pignons
- 2 c. à soupe de miel liquide
- 1 c. à café (1 c. à thé) de sel
- 1 c. à café (1 c. à thé) de poivre noir fraîchement moulu

HARICOTS, LENTILLES ET CÉRÉALES

Diverses cultures, dans le monde entier,

apprécient les haricots et les céréales. Qu'il soit

question de lentilles du Puy, de haricots rouges

crémeux ou de boulgour, leur texture farineuse

peut rassasier comme aucun autre aliment.

Présentez-les seuls, et vous aurez une ébauche,

mais ajoutez-leur des fines herbes fraîches, du

bacon ou du vinaigre, et vous aurez

une véritable œuvre d'art.

Le pouvoir d'une simple gousse

Les haricots et les lentilles, qui sont tout pleins de vitamines et de fibres, sont nutritifs à souhait. Et comme ils absorbent les saveurs piquantes, ils constituent une base merveilleuse pour les salades. Les légumineuses, aussi appelées légumes à grain, sont des graines ou des haricots qui proviennent de gousses ou cosses. Les lentilles sont parfois appelées *dhal,* un mot indien qui signifie légumineuse cassée. Vous pouvez faire bouillir rapidement les lentilles, mais vous devez faire tremper les haricots avant de les cuire. Les conserves sont faciles à utiliser, mais si vous faites bouillir des haricots secs, vous préserverez leur texture et leur valeur nutritive. Couvrez alors les légumineuses d'eau toute la nuit, puis égouttez-les et faites-les mijoter dans l'eau fraîche de 30 min à 2 h jusqu'à ce qu'elles soient ramollies. N'ajoutez pas de sel avant les 10 dernières minutes de cuisson. Choisissez des légumineuses qui ont un aspect brillant et qui ont à peu près toutes la même taille et la même couleur. Conservez-les dans un endroit sombre jusqu'à 6 mois.

LES HARICOTS

Cannellinis (1): Gros haricots ovales à saveur douce et crémeuse. On les utilise dans les salades méditerranéennes avec des tomates, des fines herbes fraîches et des vinaigrettes au vinaigre balsamique.

Haricot borlotti, haricot canneberge et langue de feu (2): Haricots dodus beiges, tachetés de rouge, à texture lisse et à saveur douce. Ils se marient bien avec l'ail, l'huile d'olive, la pancetta, les tomates ou tout autre ingrédient de la cuisine italienne.

Haricots Great Northern/petits haricots blancs (3): Ces haricots font partie de la

(1)

(2)

famille des haricots blancs. Leur taille varie de petite à moyenne. Dans les salades, on peut les utiliser à la place des haricots cannellinis, mais leur goût plutôt banal se marie mieux aux ragoûts.

Flageolet (6): Ce haricot crémeux de forme ovale est en fait un haricot rouge qui n'est pas mûr. Il conserve sa jolie couleur vert mousse même après qu'on l'a fait bouillir. Il est tout à fait délicieux avec de l'huile d'olive et des fines herbes.

Fève/gourgane: On la mange en salade, fraîche plutôt que séchée. Avant d'utiliser ces deux fèves, il faut enlever l'enveloppe extérieure dure. Des fromages au goût prononcé comme le pecorino romano ou le fromage de chèvre piquant font bon ménage avec les fèves.

Pois chiches (4): Ces pois ronds un peu bosselés à saveur de noisette et à texture

(3)

(4)

crémeuse sont appréciés partout dans le monde. Comme ils sont extrêmement polyvalents, on peut leur ajouter des fines herbes, des épices, du yogourt, du fromage et des vinaigrettes bien relevées.

Doliques à œil noir: Ronds et blancs avec un œil-de-bœuf violet, ils ont fière apparence et permettent de composer des salades inhabituelles. Leur saveur douce et leur texture farineuse se marient bien avec le bacon frit, les légumes verts et une vinaigrette au vinaigre de cidre ou de xérès.

Haricot rouge: Ce gros haricot rouge a longtemps été associé à la salade aux

(5) (6)

trois haricots. Mais il peut avoir d'autres emplois grâce à sa richesse et à sa texture qui est semblable à celle de la viande. Le cumin, le vinaigre de cidre, les piments et d'autres ingrédients relevés d'Amérique Latine le complètent bien.

Haricot adzuki: Petit haricot marron rayé de blanc qui provient du Japon. Il possède une douce saveur de noisette et une texture crémeuse. Il se marie bien avec les légumes croustillants, le tofu et les vinaigrettes asiatiques ou aux agrumes.

Haricot noir (5): Ce petit haricot noir violacé, qui est également appelé haricot tortue, est délicieux. Il est parfait dans les salades qui contiennent de la coriandre fraîche, des tomates, des mangues, du maïs, du cumin ou une vinaigrette à base de citron vert ou de vinaigre de cidre.

Haricot mungo (7): Petite légumineuse verte au centre jaune qui peut être moulue pour faire des vermicelles de haricot vert ou nouilles cellophane ou bien cassée pour obtenir des *dhal*. Ce haricot est délicieux avec des vinaigrettes relevées et des fromages salés.

Haricot pinto/rattlesnake/appaloosa: Ils font tous partie de la famille des haricots rouges, mais sont ovales et légèrement plus petits. Ils ont une texture crémeuse, une forte odeur de haricot et une jolie couleur brun pâle. Leurs noms de chevaux font référence à leurs décorations un peu inhabituelles. Le rattlesnake est orné de veines brun foncé, le pinto est tacheté de blanc et l'appaloosa de brun-noir. Vous pouvez les utiliser dans les salades avec des piments chipotle fumés, du fromage feta, beaucoup de coriandre fraîche et du vinaigre de xérès ou du vinaigre de cidre.

LES LENTILLES

Lentilles rouges (9): Lentilles toutes petites et délicates à la couleur orangée. Elles forment une combinaison gagnante avec le cumin, les légumes grillés, le fromage feta ou le fromage de chèvre, les fines herbes fraîches et les vinaigrettes aux agrumes.

Lentilles jaunes: Ces lentilles, qui sont aussi connues sous le nom de pois cajan, ont une belle couleur jaune et une texture tendre. Vous pouvez les utiliser avec des ingrédients de la cuisine indienne comme le yogourt, le cumin et le citron.

Lentilles vertes et brunes: Ce sont les plus répandues. Toutes deux sont bonnes. Malheureusement, la cuisson les ramollit. Il est préférable d'utiliser des lentilles du Puy, si vous pouvez vous en procurer.

Lentilles du Puy (8): Petites lentilles vertes tachetées de gris argent qui proviennent de la région du Puy, en France. Ces lentilles sont incontestablement les meilleures pour les salades, car elles sont fermes. En Italie, dans la région de l'Ombrie, on trouve des lentilles semblables qui sont vert-brun et d'excellente qualité. Elles se marient bien avec des ingrédients comme le yogourt, le cari, les épices, les vinaigrettes, les poivrons grillés, la saucisse et le fromage de chèvre.

(7) (8) (9)

Salade de pois chiches, de piments et de feta

6 portions en hors-d'œuvre, 4 portions en plat principal ou
8 portions en accompagnement · Préparation : 20 min

Voici une fabuleuse salade aux saveurs du Moyen-Orient. Le concentré de grenade, une réduction du jus de grenade, est le secret de cette recette.

- Mettre les ingrédients de la vinaigrette dans un bocal dont le couvercle visse, bien brasser et réserver.

- Dans un grand bol, mettre les pois chiches, les piments, les concombres, l'oignon, la menthe, la coriandre, les graines de cumin, le sel et le poivre. Mélanger.

- Juste avant de servir, verser la vinaigrette sur la salade et parsemer de fromage feta émietté.

UN PEU D'ORGANISATION

Vous pouvez faire la salade et la vinaigrette 6 h à l'avance. Mais versez la vinaigrette sur la salade et ajoutez le fromage et l'oignon juste au moment de servir.

VARIANTES

Vous pouvez ajouter des olives dénoyautées, de la poitrine de poulet finement tranchée ou de l'agneau. Vous pouvez remplacer la vinaigrette par de la Vinaigrette traditionnelle au vin rouge (voir p. 120).

PRÉPARATION

- 1 recette de Vinaigrette à la grenade (voir p. 120) ou de Vinaigrette huile d'olive et citron (voir p. 122)
- 2 boîtes de 400 g (14 oz) de pois chiches égouttés et rincés ou 250 g (1 ¼ tasse) de pois chiches secs qui ont trempé dans l'eau pendant toute la nuit et qui ont bouilli pendant 1 h
- 3 piments rouges épépinés et finement hachés
- 3 concombres libanais coupés en petits dés ou 1 concombre moyen épépiné et coupé en dés
- 1 gros oignon rouge finement haché
- 15 g (½ tasse) de menthe fraîche, finement hachée
- 15 g (½ tasse) de coriandre fraîche, finement hachée
- 1 c. à café (1 c. à thé) de graines de cumin
- 1 c. à café (1 c. à thé) de sel
- 1 c. à café (1 c. à thé) de poivre noir
- 200 g (7 oz) de fromage feta émietté

Salade de pois chiches, de piments et de feta

Salade de pois chiches, de chorizo et de piments (p. 38)

Lentilles du Puy, salami croustillant et aneth (p. 39)

Salade de pois chiches, de chorizo et de piments

6 portions en hors-d'œuvre, 4 portions en plat principal ou
8 portions en accompagnement · Préparation : 30 min

*Des tranches de chorizo bien croustillantes, des piments piquillos et le
goût de noisette du vinaigre de xérès font de ce plat une salade tout à
fait sublime. Les piments piquillos sont des piments grillés qui proviennent
d'Espagne. Ils ont une saveur fumée qui est exquise dans les salades.
Si vous ne parvenez pas à en trouver, remplacez-les par des poivrons
rouges grillés.*

- Chauffer une poêle antiadhésive jusqu'à ce qu'elle soit très chaude.
Ajouter quelques tranches de chorizo à la fois et cuire jusqu'à ce qu'elles
soient croustillantes et bien dorées. Les égoutter ensuite sur du papier
essuie-tout. Répéter l'opération jusqu'à ce qu'il ne reste plus de chorizo.

- Mettre les ingrédients de la vinaigrette dans un bocal dont le couvercle
visse et bien brasser.

- Dans un bol, mettre les pois chiches, les piments ou les poivrons,
l'oignon, le persil, le sel, le poivre et le chorizo.

- Juste avant de servir, verser la vinaigrette sur la salade et mélanger
délicatement.

UN PEU D'ORGANISATION

Vous pouvez faire la vinaigrette la veille. Les ingrédients de la salade
peuvent être mélangés 6 h avant de servir.

VARIANTES

Vous pouvez remplacer le chorizo par des merguez à l'agneau ou par du
pepperoni italien. Dans ce cas, utilisez de la Vinaigrette à la harissa (voir
p. 121). Vous pouvez ajouter du fromage espagnol Manchego, du fromage
de chèvre ou de la feta.

PRÉPARATION

INGRÉDIENTS

- 450 g (1 lb) de chorizo frais, coupé en tranches de 1 cm (½ po) d'épaisseur
- 1 recette de Vinaigrette au vinaigre de xérès et à l'huile d'olive (voir p. 121)
- 2 boîtes de 400 g (14 oz) de pois chiches égouttés et rincés ou 250 g (1 ¼ tasse) de pois chiches secs qui ont trempé dans l'eau pendant toute la nuit et qui ont bouilli pendant 1 ou 2 h ou jusqu'à ce qu'ils soient tendres
- 200 g (7 oz) de piments piquillos ou d'un autre type de poivron grillé, coupés en carrés de 2,5 cm (1 po)
- 1 oignon rouge coupé en petits dés
- 25 g (1 tasse) de persil italien frais, finement haché
- 1 c. à café (1 c. à thé) de sel
- ½ c. à café (½ c. à thé) de poivre noir

- 250 g (1 tasse) de lentilles du Puy rincées
- 1 c. à café (1 c. à thé) de sel
- 200 g (7 oz) de pepperoni, de chorizo ou
- d'un autre type de salami, coupé en
- tranches, puis coupées en 2
- 1 cœur de céleri finement haché
- 250 g (8 oz) de tomates cerises coupées en 2
- 1 petit oignon rouge finement haché
- 100 g (à peine ½ tasse) d'olives noires dénoyautées, en tranches
- 15 g (½ tasse) d'aneth frais, finement haché
- 15 g (½ tasse) de persil italien frais, finement haché
- ½ c. à café (½ c. à thé) de poivre noir
- 1 recette de Vinaigrette à la moutarde à l'ancienne (voir p. 121)

Lentilles du Puy, salami croustillant et aneth

Parmi toutes les lentilles, les lentilles du Puy sont les meilleures. Contrairement aux autres types qui se défont, celles-ci conservent leur forme et leur couleur gris-vert est tout à fait étonnante.

• Dans une casserole, mettre les lentilles avec le sel, les couvrir d'eau froide et porter à ébullition. Les faire bouillir de 7 à 10 min ou jusqu'à ce qu'elles soient al dente. Les égoutter, puis les mettre dans un bol.

• Dans une grande sauteuse, cuire le pepperoni, le chorizo ou un autre type de salami jusqu'à ce qu'il soit croustillant, puis l'égoutter sur du papier essuie-tout.

• Ajouter aux lentilles le salami, le céleri, les tomates, l'oignon, les olives, l'aneth, le persil et le poivre. Mettre les ingrédients de la vinaigrette dans un bocal dont le couvercle visse et brasser. Verser la vinaigrette sur les lentilles et bien mélanger. Ajouter du sel et du poivre, au besoin.

UN PEU D'ORGANISATION

Toute la salade peut être faite la veille. Mais ajoutez l'oignon et la vinaigrette juste avant de servir.

VARIANTES

Vous pouvez ajouter différents types de fromage comme la feta, le gorgonzola ou du fromage de chèvre. Des tranches croustillantes de saucisses italiennes au porc et au fenouil peuvent remplacer le salami. Vous pouvez aussi ajouter des tranches de poitrine de poulet poché ou d'agneau. Délicieux!

- 1 c. à café (1 c. à thé) de pistils de safran broyés
- 160 ml (⅔ tasse) de bouillon de légumes ou de poulet
- 250 g (1 ⅓ tasse) de couscous
- 700 g (1 ½ lb) de patates douces, pelées et coupées en morceaux de 1 cm (½ po)
- 4 oignons rouges coupés en gros morceaux
- 3 poivrons rouges épépinés et coupés en gros morceaux
- 4 c. à soupe d'huile d'olive
- 2 c. à soupe de vinaigre balsamique
- 1 c. à café (1 c. à thé) de sel
- 1 c. à café (1 c. à thé) de poivre noir
- 1 recette de Vinaigrette à la harissa (voir p. 121)
- Une poignée d'un mélange de menthe et de coriandre fraîches, hachées

LA SAUCE AU YOGOURT
- 2 c. à soupe d'huile d'olive extra-vierge
- Le jus de 1 citron
- 200 ml (à peine 1 tasse) de yogourt nature à la grecque, filtré
- ½ c. à café (½ c. à thé) de sel
- ½ c. à café (½ c. à thé) de poivre noir
- 20 g (¾ tasse) de menthe fraîche, hachée

Couscous au safran et aux légumes grillés

6 portions en hors-d'œuvre, 4 portions en plat principal ou 8 portions en accompagnement · Préparation : 50 min

Ce couscous au safran constitue un plat tout-en-un combinant un assortiment de saveurs. Utilisez le couscous fin, vous le trouverez là où l'on vend des produits du Moyen-Orient. Il est beaucoup plus délicat que celui qui est vendu dans les supermarchés.

- Mélanger le safran et le bouillon. Verser sur le couscous, bien mélanger et laisser reposer pendant 30 min.

- Préchauffer le four à 200 °C (400 °F). Déposer les patates douces, les oignons et les poivrons dans un plat à rôtir, puis y verser l'huile et le vinaigre. Saler et poivrer. Cuire pendant 40 min.

- Mettre les ingrédients de la Vinaigrette à la harissa dans un bocal dont le couvercle visse, brasser et réserver.

- Pour faire la Sauce au yogourt : dans un petit bol, mettre tous les ingrédients, bien mélanger, puis placer au réfrigérateur jusqu'au moment de l'utilisation.

- Travailler le couscous avec les doigts pour qu'il ne reste plus de grumeaux. Le mettre ensuite dans un grand plat de service ou dans un grand bol. Garnir des légumes grillés, puis verser la Vinaigrette à la harissa. Parsemer la salade de menthe et de coriandre hachées et servir avec la Sauce au yogourt à part.

UN PEU D'ORGANISATION

La vinaigrette et la Sauce au yogourt peuvent être faites la veille, mais ajoutez les fines herbes juste avant de servir. Vous pouvez faire griller les légumes 4 h à l'avance, mais le plat sera plus joli si vous le faites 1 ou 2 h avant de servir.

VARIANTES

Vous pouvez ajouter du fromage halloumi sauté, de la feta émiettée ou du poulet effiloché.

Taboulé au citron confit

6 portions en hors-d'œuvre, 4 portions en plat principal ou
8 portions en accompagnement · Préparation : 1 h

*Pour préparer cette salade qui provient du Liban, il faut beaucoup
de persil. Vous pouvez utiliser tous les types de concombre, mais il est
préférable d'utiliser des concombres libanais : ils ont un arôme intense
et ils contiennent beaucoup moins d'eau que leurs cousins mûris en
serre. Vous les trouverez dans les épiceries du Moyen-Orient.*

• Rincer le boulgour à l'eau froide en le faisant passer plusieurs fois
d'un grand bol à un tamis très fin jusqu'à ce que l'eau qui en coule soit
propre. L'égoutter encore, le mettre dans un bol et le couvrir de jus de
citron et d'huile d'olive. Laisser tremper 30 min.

• Entre-temps, mettre le reste des ingrédients dans un grand bol. Ajouter
le boulgour, bien mélanger, goûter et ajouter du jus de citron ou du sel,
au besoin.

UN PEU D'ORGANISATION

Cette salade se conserve au frigo 48 h, mais elle est meilleure si on la
mange dans les 24 h.

VARIANTES

Pour obtenir un plat principal, ajoutez des tranches de poitrine de poulet
rôti. Pour un goût plus piquant, remplacez le persil par du cresson. Pour
une saveur à la fois salée et sucrée, remplacez le citron par des abricots
séchés, hachés et du fromage feta.

- 100 g (½ tasse) de boulgour
- Le jus de 2 citrons
- 125 ml (½ tasse) d'huile d'olive extra-vierge
- 1 gros oignon rouge coupé en petits dés
- 1 c. à café (1 c. à thé) de cumin moulu
- ½ c. à café (½ c. à thé) de cannelle moulue
- 1 c. à café (1 c. à thé) de sel
- 3 petits concombres libanais coupés en petits dés ou 1 concombre moyen épépiné et coupé en petits dés
- 4 tomates italiennes épépinées et coupées en petits dés
- 2 gros bouquets de persil italien frais, finement haché
- 1 gros bouquet de menthe fraîche, finement hachée
- 6 oignons verts ou oignons nouveaux, en tranches fines
- 1 citron confit, le zeste seulement, rincé et haché

Haricots cannellinis au romarin, au parmesan et aux tomates cerises grillées

- 250 g (8 oz) de tomates cerises, coupées en 2
- 6 c. à soupe d'huile d'olive
- 3 gousses d'ail hachées
- 1 gros oignon rouge finement haché
- 2 c. à café (2 c. à thé) de romarin frais, haché
- 2 boîtes de 400 g (14 oz) de haricots cannellinis égouttés et rincés ou 250 g (1 1/4 tasse) de haricots cannellinis secs qui ont trempé dans l'eau pendant toute la nuit et qui ont bouilli pendant 1 ou 2 h ou jusqu'à ce qu'ils soient tendres
- 5 c. à soupe de vinaigre balsamique
- 1 oignon rouge moyen, finement haché
- 60 g (2/3 tasse) de parmesan grossièrement râpé ou en copeaux
- 5 c. à soupe de vinaigre balsamique
- 1 c. à café (1 c. à thé) de sel
- 1 c. à café (1 c. à thé) de poivre noir fraîchement moulu

Une texture crémeuse et ferme à la fois, voilà ce qui distingue les haricots cannellinis des autres légumineuses. Ceux que l'on trouve en conserve sont remarquablement bons, mais si vous faites tremper et bouillir des haricots secs vous-mêmes, ils seront succulents.

- Préchauffer le four à 200 °C (400 °F).

- Mettre les demi-tomates, le côté coupé vers le haut, sur une tôle à biscuits. Y verser 4 c. à soupe d'huile d'olive et cuire au four pendant 15 min. Les retirer de la tôle à biscuits et réserver.

- Dans un poêlon, chauffer le reste de l'huile d'olive, l'ail, le gros oignon rouge et le romarin à feu doux pendant environ 4 min jusqu'à ce que le tout soit tendre. Ajouter les haricots et le vinaigre et cuire jusqu'à ce que les haricots soient bien cuits.

- Ajouter l'oignon rouge moyen, le parmesan, le sel et le poivre. Mélanger et couronner des tomates grillées.

UN PEU D'ORGANISATION

Vous pouvez faire toute la salade 6 h à l'avance, mais ajoutez l'oignon à la dernière minute seulement.

VARIANTES

Vous pouvez ajouter du thon en conserve dans l'huile d'olive (essayez le thon italien ou espagnol) ou des haricots verts blanchis. Vous pouvez aussi ajouter des viandes grillées comme l'agneau ou le poulet.

Haricots borlotti, thon et céleri

6 portions en hors-d'œuvre, 4 portions en plat principal ou
8 portions en accompagnement · Préparation : 10 min

J'aime faire cette recette le midi, car je trouve la plupart des ingrédients dans mon garde-manger ou au réfrigérateur. Si vous n'avez jamais essayé le thon italien ou espagnol en conserve, dans l'huile d'olive, vous aurez une belle surprise. Même si ce poisson n'est pas bon marché, il est drôlement meilleur que celui que l'on trouve à l'épicerie.

- Dans un bol, mettre les haricots, le céleri, l'oignon, le sel, le poivre et le persil.

- Mettre tous les ingrédients de la vinaigrette dans un bocal dont le couvercle visse et bien brasser. Mélanger les haricots et la vinaigrette, puis transférer la salade dans un plat de service peu profond. Garnir du thon et des œufs, puis servir.

UN PEU D'ORGANISATION

Vous pouvez préparer la vinaigrette et les œufs la veille. Vous pouvez faire la salade environ 4 h avant de la servir et la conserver au frigo. Il serait sage d'attendre à la dernière minute pour incorporer l'oignon pour l'empêcher de masquer les autres saveurs.

VARIANTES

Vous pouvez remplacer le thon par de la chair de crabe ou par des crevettes. Vous pouvez ajouter du radicchio, des haricots verts blanchis ou des tranches de pomme de terre. Vous pouvez aussi remplacer la vinaigrette par de la Vinaigrette aux anchois, aux câpres et à l'ail (voir p. 120) ou par de la Vinaigrette traditionnelle au vin rouge (voir p. 120).

INGRÉDIENTS

- 2 boîtes de 400 g (14 oz) de haricots borlotti égouttés et rincés ou 250 g (1 1/4 tasse) de haricots borlotti secs qui ont trempé dans l'eau pendant toute la nuit et qui ont bouilli pendant 1 ou 2 h ou jusqu'à ce qu'ils soient tendres
- 2 cœurs de céleri avec les feuilles, finement hachés
- 1 oignon rouge finement haché
- 1/2 c. café (1/2 c. à thé) de sel
- 1/2 c. à café (1/2 c. à thé) de poivre noir
- Une grosse poignée de persil italien frais, finement haché
- 1 recette de Vinaigrette huile d'olive et citron (voir p. 122)
- 250 g (8 oz) de thon italien ou espagnol, dans l'huile d'olive, égoutté
- 2 œufs cuits dur, coupés en quartiers

VOUS AVEZ DIT... TOMATE ?

En français, il existe un autre nom pour la tomate, et c'est la pomme d'amour. Rien ne décrit mieux ce fruit merveilleux, dont la riche couleur rubis et le parfum éveillent aussitôt notre inspiration. Si nous devions choisir d'apporter une seule plante sur une île déserte, ce serait un plant de tomate. Sa chair juteuse et sa fraîcheur sont sans égales. Il existe d'innombrables variétés de tomate, et on les trouve dans des formes, des couleurs et des tailles différentes. De la très grosse tomate bien charnue à la petite tomate cerise, les possibilités sont infinies.

La tomate et ses secrets

Presque toutes les régions du monde, sauf l'Asie, cultivent aujourd'hui la tomate. Originaire du Pérou, elle s'est répandue dans le reste du monde grâce aux conquistadors espagnols. Même si la tomate est un fruit, elle est utilisée dans les salades et les plats mijotés comme un légume. Son rouge intense provient du lycopène, un puissant antioxydant. Elle contient aussi de fortes quantités de vitamines A, C et E, que la cuisson fait parfois disparaître. Ce sont donc les tomates crues, en salade, qui sont les plus riches en éléments nutritifs.

La plupart des tomates ne sont pas encore mûres lorsqu'elles se retrouvent à l'épicerie. Laissez-les donc 2 ou 3 jours dans un panier en fil de fer ou en osier, qui permet à l'air de circuler. La réfrigération modifie la texture de la chair et empêche le fruit de continuer à mûrir.

Il existe des centaines de noms pour les différentes variétés de tomate, et ces noms peuvent varier d'une région ou d'un pays à l'autre. Avant de choisir vos tomates, posez-vous des questions : quel type de goût, de texture et de couleur vous intéresse ? Les nombreuses variétés se différencient par leur forme, leur taille, leur texture, leur teneur en eau et en graines ainsi que par leur saveur.

(1)

TOMATE BEEFSTEAK OU TOMATE DE TYPE CHARNU (1)

Il s'agit de la plus grosse de toutes les variétés de tomate. Elle est dense, elle a peu de graines et a très bon goût. Avant de l'utiliser, laissez-la mûrir, sinon elle vous paraîtra fade. Cette tomate, qui est vendue verte ou rouge vif, est idéale pour les salades de tomate en tranches. Les vertes finissent par rougir si vous leur en laissez le temps. Comme elles sont fermes, elles sont également très bonnes rissolées avec de la polenta ou semoule de maïs.

TOMATE ITALIENNE (2)

La taille de cette tomate ovale ou en forme de poire varie de petite à moyenne. Elle est surtout cultivée dans le Sud de l'Italie. La variété San Marzano, qui est particulièrement allongée, est surtout utilisée pour faire des conserves d'excellente qualité. Appréciée pour la densité de sa chair, pour sa douceur et sa faible teneur en eau, la tomate italienne est idéale dans les salades, hachée ou grillée. Vous en trouverez des jaunes et des rouges, mais ce sont les rouges qui ont le plus de goût. Il existe une variété, plus petite que la tomate italienne traditionnelle, dont la forme ressemble à celle d'un œuf. D'un goût sucré exquis, ces tomates sont en vente toute l'année, mais on les apprécie surtout en hiver, lorsque le choix est plutôt limité.

TOMATE CERISE (3)

La tomate cerise possède la teneur en sucre la plus élevée de toutes les tomates. Même si sa peau est plutôt coriace, elle est délicieuse et très juteuse. Utilisez-la entière dans vos salades ou simplement coupée en 2. La principale variété est d'un beau rouge, mais vous en trouverez des jaunes, des dorées et des oranges. Les tomates cerises sont vendues au kilo ou déjà emballées, comme les tomates mûries sur pied, encore fixées à leur tige. Dans les deux cas, la qualité est très variable. Faites donc preuve de discernement. La tomate miniature en forme de poire est une variété un peu plus rare, qui est très appréciée pour sa couleur et son goût. Vous la trouverez plus facilement au marché qu'à l'épicerie.

TOMATE RONDE (4)

Il s'agit de la tomate passe-partout, de taille moyenne, charnue mais remplie de graines et d'eau, qu'il est préférable de couper en tranches ou en quartiers. La plupart des variétés sont vendues encore vertes. Donnez-leur au moins 2 jours pour rougir un peu. Les tomates cultivées en terre, biologiques ou mûries sur pied, sont les plus savoureuses. Toutefois, les tomates de serre ou hydroponiques sont bien fades. Ne les utilisez qu'en désespoir de cause.

(2)

(3)

(4)

Tomates, Vinaigrette au miso et au gingembre

6 portions en hors-d'œuvre, 4 portions en plat principal
ou 8 portions en accompagnement · Préparation : 10 min

PRÉPARATION

Le miso, une pâte d'orge fermentée qui provient du Japon, a une saveur de noisette et de sel tout à fait délicieuse dans les vinaigrettes. Il est aussi excellent en tartinade sur les aubergines grillées. De plus, c'est un aliment santé. Vous pouvez en trouver dans les boutiques de produits japonais ou dans les magasins d'aliments naturels.

- Dans un grand plat de service, disposer les tranches de tomate et une petite poignée de mizuna ou de roquette.

- Parsemer des petits oignons.

- Mettre tous les ingrédients de la vinaigrette dans un bocal dont le couvercle visse et bien brasser. Verser la vinaigrette sur les tomates, puis parsemer des graines de sésame. Servir immédiatement.

UN PEU D'ORGANISATION

Vous pouvez faire la vinaigrette le matin et préparer la salade quelques heures avant de la servir. Ajoutez l'oignon tout juste avant de servir.

VARIANTES

Les aubergines grillées sont tout à fait délicieuses avec cette vinaigrette et peuvent remplacer les tomates. Vous pouvez également utiliser de la Vinaigrette à la sauce soya, aux petits oignons et au gingembre (voir p. 123) ou de la Vinaigrette à la harissa (voir p. 121) en omettant les graines de sésame.

INGRÉDIENTS

- 4 grosses tomates beefsteak fermes mûres ou autres grosses tomates rouges ou jaunes charnues, coupées en tranches de 1 cm (½ po) d'épaisseur
- Feuilles de roquette ou de mizuna (facultatif)
- 4 oignons verts ou oignons nouveaux, coupés en petits bâtonnets
- 1 recette de Vinaigrette au miso et au gingembre (voir p. 123)
- 1 c. à soupe de graines de sésame

Salade de tomate, d'asperge et de gorgonzola

- 570 g (1 ¼ lb) de minces tiges d'asperge, parées
- Le jus de ½ citron
- 4 c. à soupe d'huile d'olive extra-vierge
- 1 c. à café (1 c. à thé) de sel
- 6 tomates italiennes ou tomates mûries sur pied, épépinées et coupées en dés
- 1 gousse d'ail finement hachée
- 2 oignons verts ou oignons nouveaux finement hachés
- 1 gros bouquet de basilic frais, finement déchiqueté
- ½ c. à café (½ c. à thé) de poivre noir fraîchement moulu
- 100 g (3 ½ oz) de fromage gorgonzola ou roquefort, émietté

PRÉPARATION

Au printemps, rien n'égale les tiges d'asperge bien tendres tout juste blanchies. Dans cette recette, elles sont encore plus savoureuses, car on leur ajoute du gorgonzola et des dés de tomate. Si vous ne parvenez pas à trouver des tomates ordinaires de bonne qualité, utilisez des tomates cerises en quartiers.

- Porter une grande casserole d'eau salée à ébullition. Y mettre les asperges et les blanchir pendant 1 min. Les égoutter, puis les plonger immédiatement dans de l'eau glacée pour les empêcher de cuire davantage (cela conserve aux asperges leur beau vert brillant).

- Pour faire la vinaigrette au citron: mettre le jus de citron, l'huile d'olive et la moitié du sel dans un bocal dont le couvercle visse et bien brasser.

- Mettre les tomates dans un bol, puis ajouter la vinaigrette au citron, l'ail, les petits oignons, le basilic, le reste du sel et du poivre au goût. Réserver.

- Disposer les asperges sur un grand plat de service ou sur des assiettes individuelles. Pour servir, y verser le mélange de tomate, puis parsemer du fromage.

UN PEU D'ORGANISATION

Vous pouvez préparer la vinaigrette la veille. Vous pouvez cuire les asperges et faire le mélange de tomate 6 h à l'avance, mais ajoutez le basilic et la vinaigrette juste au moment de servir.

VARIANTES

Déposez du pain grillé sous les asperges, il absorbera la savoureuse vinaigrette. De toutes petites câpres ou des olives noires peuvent être ajoutées au mélange de tomate. Vous pouvez aussi remplacer le gorgonzola par du fromage de chèvre, de la mozzarella ou de la feta.

Salade de thon, de poivron et d'olives noires

6 portions en hors-d'œuvre, 4 portions en plat principal ou
8 portions en accompagnement · Préparation : 20 min

Voici une salade de tomate provenant de Toscane additionnée de poivrons grillés, d'olives, de concombre croquant, de câpres et de pain. C'est le plat idéal par temps chaud et ce que je considère comme un plat de rêve.

- Préchauffer le four à 200 °C (400 °F).

- Étendre les cubes de pain sur une tôle à biscuits et les faire griller au four pendant 5 min ou jusqu'à ce que les croûtons soient croustillants. Retirer du four et réserver.

- Déposer les poivrons sur une grande tôle à biscuits, la peau vers le haut. Les faire griller jusqu'à ce qu'ils soient presque carbonisés, les mettre dans un sac en plastique, fermer le sac hermétiquement et laisser reposer pendant 5 min. Retirer du sac et enlever la peau. Trancher la chair finement, puis la mettre dans un grand bol.

- Ajouter les tomates, le céleri, les olives, les câpres, l'oignon, les concombres, le basilic, le persil, les anchois et l'ail, puis bien mélanger.

- Au moment de servir, verser un filet d'huile et de vinaigre sur la salade, saler et poivrer, puis servir.

UN PEU D'ORGANISATION

Différents ingrédients de la salade peuvent être réunis la veille, mais attendez au dernier moment pour ajouter l'ail, l'oignon, les anchois, le basilic, l'huile et le vinaigre. Ajoutez ces ingrédients et mélangez le tout juste avant de servir.

VARIANTES

Pour obtenir un plat nourrissant et savoureux, ajoutez des tranches de poulet rôti. Des morceaux de mozzarella, de parmesan ou d'un autre fromage italien seraient aussi un ajout savoureux.

PRÉPARATION

- 1 pain ciabatta ou 1 pain au levain, coupé en cubes de 1 cm (½ po)
- 2 poivrons rouges épépinés et coupés en quartiers
- 570 g (1 ¼ lb) de tomates cerises, coupées en 2, ou 6 tomates italiennes épépinées et coupées en morceaux de 1 cm (½ po)
- 3 branches de céleri, en tranches
- 10 olives noires italiennes, dénoyautées et coupées en 2
- 2 c. à soupe de câpres rincées
- 1 oignon rouge finement haché
- 2 ou 3 minis concombres pelés et tranchés ou 1 concombre ordinaire pelé, épépiné et tranché
- 20 feuilles de basilic frais, déchiquetées
- 1 petit bouquet de persil italien frais, haché
- 1 filet d'anchois rincé et haché
- 1 gousse d'ail finement hachée
- 4 c. à soupe d'huile d'olive extra-vierge
- 4 c. à soupe de vinaigre de vin rouge
- 1 c. à café (1 c. à thé) de sel
- 1 c. à café (1 c. à thé) de poivre noir fraîchement moulu

- 2 épis de maïs ou 100 g (½ tasse) de maïs en grains, surgelé, puis décongelé ou de maïs en conserve égoutté
- 5 c. à soupe d'huile d'olive
- Le jus de 2 citrons verts
- 1 piment chipotle dans la sauce adobo ou 1 petit piment vert, épépiné et finement haché
- 1 c. à soupe d'huile d'olive extra-vierge
- Une petite poignée de coriandre fraîche, finement hachée
- Une pincée de cayenne
- 1 c. à café (1 c. à thé) de sel
- 1 c. à café (1 c. à thé) de poivre noir
- 4 tomates beefsteak vertes, mûres, ou tout autre type de grosses tomates mûres
- 150 g (1 tasse) de polenta ou de semoule de maïs
- 4 petites poignées de roquette

Salade de tomate à la polenta, vinaigrette au maïs et au citron vert

6 portions en hors-d'œuvre, 4 portions en plat principal ou
8 portions en accompagnement · Préparation : 25 min

Dans cette recette, les tomates sont panées et cuites pour qu'elles soient croustillantes. On les arrose ensuite d'une vinaigrette au maïs piquante. Même si les tomates vertes sont parfois difficiles à trouver, vous aurez une salade exceptionnelle si vous les utilisez au lieu des tomates rouges.

- Si l'on utilise du maïs en épi, couper les grains. Dans une casserole, chauffer 1 c. à soupe d'huile d'olive, ajouter les grains de maïs et cuire pendant 5 min ou jusqu'à ce qu'ils soient tendres. À l'aide d'une écumoire, les retirer de la casserole et les mettre dans un petit bol.

- Ajouter le jus de citron vert, le piment, l'huile d'olive extra-vierge, la coriandre, le cayenne et la moitié du sel et du poivre.

- Couper les tomates en tranches de 1 cm (½ po) d'épaisseur. Utiliser seulement les 3 ou 4 grandes tranches du centre de chacune des tomates.

- Dans une poêle, chauffer le reste de l'huile d'olive. Entre-temps, saupoudrer les tranches de tomate de polenta ou de semoule de maïs pour bien les couvrir, puis ajouter le reste du sel et du poivre. Cuire les tomates jusqu'à ce qu'elles soient bien croustillantes, puis les retirer de la poêle et les égoutter sur du papier essuie-tout.

- Déposer la roquette sur des assiettes individuelles ou sur un grand plat de service. Y disposer les tomates, puis y verser la vinaigrette au maïs. Servir immédiatement.

UN PEU D'ORGANISATION

Vous pouvez cuire les tomates 1 h avant de les servir et la vinaigrette peut être préparée le matin.

VARIANTES

Vous pouvez présenter des tranches de mozzarella avec les tomates. Vous pouvez remplacer la vinaigrette par de la Vinaigrette à l'orange et aux câpres (voir p. 120). Faites griller de minces tranches de poitrine de poulet sous les tomates et vous aurez un plat fantastique.

Salade grecque

Nous n'avons pas accès aux légumes gorgés de soleil qui poussent en Grèce, mais la Vinaigrette aux anchois, aux câpres et à l'ail donne aux concombres, à la feta crémeuse et aux tomates un goût qui se rapproche de celui de la salade grecque traditionnelle. Cette salade est délicieuse pour accompagner un gigot d'agneau ou un barbecue en plein air.

- Dans un grand bol, mettre les tomates, l'oignon et les concombres.

- Mettre tous les ingrédients de la vinaigrette dans un bocal dont le couvercle visse et bien brasser.

- Juste avant de servir, ajouter la feta au bol de légumes. Verser la vinaigrette sur la salade, puis parsemer d'origan. Saler et poivrer, au besoin.

UN PEU D'ORGANISATION

Les légumes et la vinaigrette peuvent être préparés le matin. Couper le fromage peu de temps avant de servir.

VARIANTES

Pour obtenir un plat plus consistant, vous pouvez ajouter de l'agneau ou du poulet cuit, coupé en dés. Vous pouvez aussi ajouter des câpres entières, du fromage halloumi grillé, de l'aneth haché et de la menthe.

PRÉPARATION

INGRÉDIENTS

- 570 g (1 ½ lb) de tomates cerises, coupées en 2, ou 6 tomates mûries sur pied, grossièrement hachées
- 1 gros oignon rouge, coupé en dés
- 4 petits concombres libanais, en tranches, ou 1 gros concombre épépiné, en tranches
- 1 recette de Vinaigrette aux anchois, aux câpres et à l'ail (voir p. 120)
- 200 g (7 oz) de fromage feta égoutté et coupé en morceaux de 2,5 cm (1 po)
- 1 c. à soupe d'origan frais, haché, ou 1 c. à café (1 c. à thé) d'origan séché
- Sel et poivre noir fraîchement moulu (facultatif)

LA VERDURE, TOUJOURS LA VERDURE...

Rien n'est plus rafraîchissant qu'un saladier rempli de feuilles croquantes, assaisonnées d'huile d'olive et de vinaigre. C'est délicieux tel quel et la seule chose que vous pourriez demander de plus, c'est une tranche de pain pour recueillir le reste de la vinaigrette. La diversité est remarquable, de la mizuna épicée à la laitue feuille de chêne, dont les délicates feuilles vertes sont saupoudrées de rose. Créez ainsi la base de toutes vos salades et l'accompagnement de tous vos fromages. Mieux encore, misez sur la simplicité.

Salade d'endive, de cresson, de poire et de fromage bleu

6 portions en hors-d'œuvre, 4 portions en plat principal ou
8 portions en accompagnement · Préparation : 15 min

Les ingrédients de cette salade sont faits pour se compléter. L'amertume de l'endive est contrebalancée par le côté sucré de la poire, par le côté salé du fromage et par le côté épicé du cresson. Avec de la pancetta croustillante et une vinaigrette au goût de noisette, c'est l'un des plaisirs de l'hiver.

- Couper les endives en morceaux de 2,5 cm (1 po) chacun, puis les déposer dans un grand bol de service avec le cresson et la laitue frisée.

- Dans un petit bol, remuer les poires et le jus de citron, puis réserver.

- Faire frire la pancetta ou le bacon jusqu'à ce qu'ils soient bien croustillants. Réserver la pancetta. Bien égoutter le bacon sur du papier essuie-tout, puis l'émietter.

- Casser le fromage en petits morceaux ou le faire congeler pendant 10 min, puis le râper.

- Mettre tous les ingrédients de la vinaigrette dans un bocal dont le couvercle visse et bien brasser.

- Juste avant de servir, ajouter au bol de salade les poires, la pancetta ou le bacon, le fromage et la vinaigrette. Bien mélanger.

UN PEU D'ORGANISATION

La salade peut être faite 2 h avant de la servir, pas plus. Vous pouvez faire la vinaigrette la veille.

VARIANTES

Vous pouvez ajouter la vinaigrette à la poêle chaude après avoir cuit la pancetta ou le bacon et la servir chaude sur la salade. Vous pouvez, bien sûr, utiliser d'autres types de salade amère comme la trévise. Ajoutez des Croûtons à l'ail (voir p. 127), ce sera délicieux.

- 3 endives parées
- 1 gros bouquet de cresson dont on a retiré les tiges
- Une grosse poignée de laitue frisée, la partie intérieure blanche seulement
- 2 poires pelées, évidées et coupées en morceaux de 1 cm (½ po)
- Le jus de ½ citron
- 250 g (8 oz) de pancetta coupée en petits dés ou de tranches de bacon entrelardé
- 100 g (3 ½ oz) de roquefort, de gorgonzola ou de tout autre type de fromage bleu au goût prononcé

LA VINAIGRETTE
- 3 c. à soupe de vinaigre de xérès
- 4 c. à soupe d'huile de noix ou de noisette
- 2 c. à soupe d'huile d'olive extra-vierge
- ½ c. à café (½ c. à thé) de moutarde de Dijon
- 1 c. à café (1 c. à thé) de sucre
- ½ c. à café (½ c. à thé) de sel
- ½ c. à café (½ c. à thé) de poivre noir fraîchement moulu

Salade d'endive, de cresson, de poire et de fromage bleu

Salade de pois chiches et de légumes (p. 62)

Salade de roquette, d'avocat et de cœurs de palmier (p. 63)

Salade d'épinard, vinaigrette tiède au prosciutto (p. 64)

Salade de pois chiches et de légumes

6 portions en hors-d'œuvre, 4 portions en plat principal ou 8 portions en accompagnement · Préparation : 30 min

Voici de magnifiques ingrédients, mais ici, ils sont tout petits. Plongez le radicchio dans l'eau glacée pour lui enlever son amertume et lui donner une couleur éclatante. Vous trouverez le provolone, un fromage italien doux et fumé en forme de poire, dans les endroits où l'on vend des produits italiens et dans les supermarchés.

- Mettre le radicchio dans l'eau glacée pendant 30 min pour lui enlever son amertume.

- Entre-temps, préchauffer le four à 200 °C (400 °F).

- Étendre les cubes de pain sur une tôle à biscuits et les faire griller au four pendant 5 min jusqu'à ce qu'ils soient légèrement dorés. Les retirer du four et réserver.

- Égoutter le radicchio et le passer dans l'essoreuse à salade ou l'éponger avec du papier essuie-tout pour l'assécher. Le déposer dans un grand bol avec les pois chiches, l'oignon, les tomates, le céleri, les cœurs de palmier, les piments marinés, le parmesan, le provolone et le salami. Mélanger doucement.

- Mettre tous les ingrédients de la vinaigrette dans un bocal dont le couvercle visse et bien brasser. Verser sur la salade juste avant de servir. Parsemer de basilic haché.

UN PEU D'ORGANISATION

Vous pouvez faire la salade le matin, mais conservez l'oignon, le provolone, le parmesan et les croûtons dans des contenants séparés. Vous pouvez faire la vinaigrette la veille.

VARIANTES

Vous pouvez ajouter des poivrons grillés hachés ou de la poitrine de poulet. Vous trouverez des piments cerises marinés au supermarché, mais vous pouvez aussi les remplacer par des piments marinés italiens ou turcs. Vous pouvez également remplacer le fromage provolone par un autre type de fromage italien à pâte ferme comme l'asiago ou le pecorino romano.

INGRÉDIENTS

- ½ radicchio, en tranches fines
- 80 g (3 oz) de pain croûté ou de pain au levain, coupé en cubes de 1 cm (½ po)
- 400 g (14 oz) de pois chiches en conserve, égouttés et rincés
- 1 oignon rouge finement haché
- 100 g (3 ½ oz) de tomates cerises, coupées en 2
- 2 branches de céleri provenant du cœur, finement hachées
- 400 g (14 oz) de cœurs de palmier en conserve, coupés en gros dés
- 10 piments cerises doux (peperoncini), marinés, finement hachés
- 60 g (⅔ tasse) de parmesan grossièrement râpé
- 60 g (2 oz) de fromage provolone, coupé en petits dés
- 100 g (3 ½ oz) de pepperoni napolitain piquant en tranches ou d'un autre type de salami italien grossièrement haché
- 1 recette de Vinaigrette à l'ail et aux fines herbes (voir p. 122)
- 1 petit bouquet de basilic frais, finement haché

Salade de roquette, d'avocat et de cœurs de palmier

6 portions en hors-d'œuvre, 4 portions en plat principal ou
8 portions en accompagnement · Préparation : 15 min

- 1 avocat pelé, dénoyauté et grossièrement coupé en dés
- ½ citron
- 3 gros bouquets de roquette, parée
- 1 petit radicchio déchiré en morceaux
- 250 g (8 oz) de tomates cerises coupées en 2
- 6 cœurs de palmier, en tranches de 1 cm (½ po) d'épaisseur
- 100 g (à peine 1 tasse) de pignons grillés
- 100 g (1 grosse tasse) de parmesan grossièrement râpé
- Sel et poivre noir fraîchement moulu
- 1 recette de Vinaigrette huile d'olive et citron (voir p. 122)

PRÉPARATION

À la Trattoria Garga, un restaurant de Florence, des aliments incroyables ont pour toile de fond de magnifiques fresques. Voici la salade maison. On y trouve des cœurs de palmier.

- Mettre l'avocat dans un bol, puis y verser quelques gouttes de jus de citron pour éviter la décoloration. Réserver.

- Dans un autre bol, mettre la roquette, le radicchio, les tomates, les cœurs de palmier, les pignons et le parmesan. Saler et poivrer.

- Mettre tous les ingrédients de la vinaigrette dans un bocal dont le couvercle visse et bien brasser.

- Juste avant de servir, ajouter l'avocat et verser la vinaigrette sur la salade. Bien mélanger et servir immédiatement.

UN PEU D'ORGANISATION

Vous pouvez faire la vinaigrette la veille. La salade peut être préparée le matin et conservée au frigo.

VARIANTES

Des crevettes grillées ou des tranches de poulet grillé se marieraient bien avec cette salade. Vous pouvez remplacer la vinaigrette par de la Vinaigrette traditionnelle au vin rouge (voir p. 120) ou par une Vinaigrette aux anchois, aux câpres et à l'ail (voir p. 120).

Salade d'épinard, vinaigrette tiède au prosciutto

6 portions en hors-d'œuvre, 4 portions en plat principal ou
8 portions en accompagnement · Préparation : 20 min

*Dans les années 70, la salade d'épinard accompagnée d'une vinaigrette
tiède au bacon faisait fureur. Cette adaptation santé faite avec du
prosciutto est plus légère, mais elle est aussi impressionnante.*

PRÉPARATION

- À feu moyen, chauffer l'huile d'olive, le prosciutto et l'ail pendant
environ 3 min.

- Ajouter le vin, le jus de citron, le vinaigre, le sucre, du sel et du poivre.
Laisser mijoter pendant environ 5 min.

- Retirer du feu et laisser refroidir légèrement, puis goûter et ajouter du
jus de citron ou du sucre, au besoin.

- Dans un grand plat de service ou un grand bol, disposer les épinards.
Les parsemer de champignons, d'oignon rouge, de noix de Grenoble et
de fromage.

- Verser la vinaigrette sur la salade et mélanger juste avant de servir.

UN PEU D'ORGANISATION

Vous pouvez faire la vinaigrette la veille et la conserver au frigo. Vous
pouvez faire la salade le matin, mais coupez les oignons à la dernière
minute seulement et ajoutez-les à ce moment-là.

VARIANTES

Vous pouvez ajouter les champignons à la vinaigrette tiède, plutôt que de
les servir crus. Vous pouvez remplacer la vinaigrette par de la Vinaigrette
traditionnelle au vin rouge (voir p. 120) ou de la Vinaigrette au vinaigre
de xérès et à l'huile d'olive (voir p. 121).

INGRÉDIENTS

- 6 c. à soupe d'huile d'olive extra-vierge
- 12 tranches de prosciutto coupées en petits dés
- 4 gousses d'ail finement hachées
- 6 c. à soupe de vin blanc sec
- 6 c. à soupe de jus de citron fraîchement pressé
- 4 c. à soupe de vinaigre de champagne ou de vinaigre de vin blanc
- 4 c. à soupe de sucre
- ½ c. à café (½ c. à thé) de sel
- ½ c. à café (½ c. à thé) de poivre noir fraîchement moulu
- 350 g (12 oz) de jeunes pousses d'épinard
- 350 g (12 oz) de petits champignons, en tranches
- 2 petits oignons rouges, en rondelles de 1 cm (½ po)
- 125 g (1 tasse) de noix de Grenoble grillées, hachées
- 80 g (1 tasse) de parmesan grossièrement râpé

- 1 recette de Vinaigrette traditionnelle au vin rouge (voir p. 120)
- 2 cœurs de romaine, déchirés en morceaux de 2,5 cm (1 po)
- 2 bocaux de 175 g (6 oz) de cœurs d'artichaut marinés, égouttés
- Une poignée d'olives noires dénoyautées, en tranches
- 1 oignon rouge, en fines rondelles
- 1 poivron rouge épépiné et finement tranché
- 250 g (8 oz) de tomates cerises coupées en 2
- Une grosse poignée de peperoncini ou d'un autre type de piments doux marinés
- 60 g (2 oz) de salami italien ou de pepperoni, en tranches fines

PRÉPARATION

C'est dans une trattoria de New York que j'ai eu l'inspiration de cette recette. Cœurs d'artichaut, piments marinés et laitue bien croquante sont mêlés à une délicieuse vinaigrette au vin rouge.

- Mettre tous les ingrédients de la vinaigrette dans un bocal dont le couvercle visse et bien brasser.
- Mettre tous les autres ingrédients dans un grand bol.
- Juste avant de servir, verser la vinaigrette sur la salade et bien mélanger.

UN PEU D'ORGANISATION

Vous pouvez faire la vinaigrette la veille et la salade 2 h à l'avance, mais pas avant, car les artichauts ramolliraient la laitue.

VARIANTES

Vous pouvez ajouter des bocconcini (petites boules de mozzarella). Vous pouvez remplacer les piments crus par des piments grillés. Vous pouvez aussi remplacer les cœurs d'artichaut par des cœurs de palmier en tranches.

Salade de frisée et de radicchio aux œufs et au bacon

6 portions en hors-d'œuvre, 4 portions en plat principal ou
8 portions en accompagnement · Préparation : 30 min

Avec de la vinaigrette, les œufs hachés sont un véritable délice. La frisée possède de fines feuilles ondulées jaune-blanc qui forment un nid et qui récoltent chaque goutte de vinaigrette. Du bacon croustillant et du radicchio bien coloré complètent ce plat substantiel, mais tout simple.

• Porter à ébullition une petite casserole d'eau. Baisser à feu doux, y déposer délicatement les œufs et cuire 12 min. Plonger ensuite les œufs dans l'eau froide pour interrompre la cuisson. Si l'on préfère des œufs à la coque, les faire alors bouillir de 3 à 5 min selon leur grosseur.

• Hacher les œufs durs en gros dés. Ou couper les œufs à la coque en 2.

• Disposer les feuilles de frisée sur un grand plat de service et garnir de radicchio. Y mettre ensuite les œufs.

• On peut émietter la pancetta ou le bacon et en parsemer la salade ou bien les laisser en lanières et les déposer sur le dessus.

• Mettre tous les ingrédients de la vinaigrette dans un bocal dont le couvercle visse et bien brasser. Verser la vinaigrette sur la salade et servir.

UN PEU D'ORGANISATION

Vous pouvez faire la vinaigrette la veille. Vous pouvez cuire les œufs 2 jours à l'avance et les conserver au réfrigérateur. Les feuilles de salade et le bacon peuvent être préparés le matin.

VARIANTES

Pour obtenir une salade tiède, vous pouvez chauffer la vinaigrette avec le bacon ou la pancetta. Si vous remplacez la vinaigrette par de la Vinaigrette aux anchois, aux câpres et à l'ail (voir p. 120), vous aurez alors un plat savoureux. Des Croûtons à l'ail (voir p. 127), du fromage de chèvre émietté ou des câpres grillées seraient aussi de bons ajouts

PRÉPARATION

• 4 œufs biologiques, de préférence
• 1 grosse laitue frisée, dont on a enlevé le cœur et les feuilles vert foncé
• ½ radicchio, le cœur enlevé, séparé en morceaux de 2,5 cm (1 po)
• 400 g (14 oz) de fines tranches de bacon entrelardé ou de pancetta cuites jusqu'à ce qu'elles soient très croustillantes
• 1 ½ recette de Vinaigrette traditionnelle au vin rouge (voir p. 120)

Salade César traditionnelle

Quand j'étais à l'université, je travaillais dans un restaurant où l'on préparait des salades César à table. C'était la mode à la fin des années 70. J'aime encore cette recette, mais aujourd'hui, je mélange la vinaigrette au robot culinaire plutôt que dans un grand bol en bois.

- Mettre la laitue et les croûtons dans un bol en bois et réserver.

- Passer au robot culinaire ou au mélangeur les jaunes d'œufs avec les anchois, la moutarde et l'ail jusqu'à ce qu'ils soient mélangés. Ajouter la sauce Worcestershire et le vinaigre. Pendant que l'appareil fonctionne, verser graduellement l'huile d'olive en filet jusqu'à ce que la vinaigrette soit suffisamment épaisse. Ou encore, fouetter les jaunes d'œufs, les anchois, la moutarde et l'ail dans un bol, puis incorporer la sauce Worcestershire et le vinaigre jusqu'à ce que le tout soit bien mêlé. Incorporer graduellement l'huile d'olive jusqu'à ce que la vinaigrette soit épaisse et crémeuse.

- Ajouter le jus de citron, le parmesan et le poivre. Goûter et ajouter du sel ou du jus de citron, au besoin.

- Retirer du bol, verser la vinaigrette sur la laitue et les croûtons juste avant de servir et mélanger le tout.

UN PEU D'ORGANISATION

La salade et la vinaigrette peuvent être faites le matin, mais il faut attendre le moment de servir pour mélanger le tout. Vous pouvez faire les croûtons 2 jours à l'avance et les conserver dans un contenant hermétique.

VARIANTES

Si vous voulez transformer cette salade en un délicieux plat principal, vous pouvez ajouter des tranches de poulet grillé, des crevettes, du crabe, du homard ou du saumon. Essayez aussi d'ajouter des Morceaux de prosciutto grillés, des Tomates séchées au four ou des Câpres grillées (voir p. 129).

INGRÉDIENTS

- 1 grosse laitue romaine déchirée en morceaux de 2,5 cm (1 po) ou 4 petites laitues Bibb coupées en morceaux
- 1 recette de Croûtons à l'ail (voir p. 127), préparés sans ail
- 2 très gros jaunes d'œufs, à la température de la pièce
- 2 filets d'anchois rincés et hachés
- 2 c. à soupe de moutarde de Dijon
- 1 grosse gousse d'ail broyée
- 2 c. à café (2 c. à thé) de sauce Worcestershire
- 1 c. à soupe de vinaigre de vin rouge
- 180 ml (³/₄ tasse) d'huile d'olive
- Le jus de 1 citron
- 60 g (²/₃ tasse) de parmesan fraîchement râpé
- 1 c. à café (1 c. à thé) de poivre noir fraîchement moulu
- Sel (facultatif)

DES LÉGUMES, ENCORE DES LÉGUMES...

Chaque saison nous apporte une profusion de nouveaux légumes. Le printemps nous donne les jeunes artichauts violacés, l'été, la tomate mûre, l'automne nous offre les courges d'un orangé fluorescent, tandis que l'hiver annonce la dégustation des betteraves et des patates douces. Suivez la ronde des saisons afin de savourer des légumes aussi délicieux que ce que vous aviez imaginé. Et si possible, laissez de côté les variétés de serre.

Petites betteraves grillées et gâteaux de fromage de chèvre

- 8 petites betteraves ou 4 betteraves moyennes, bien brossées
- 2 c. à soupe d'huile d'olive
- 1 ½ c. à café (1 ½ c. à thé) de sel
- 1 c. café (1 c. à thé) de poivre noir fraîchement moulu
- 4 crottins de fromage de chèvre à pâte ferme
- 125 g (2 tasses) de chapelure de pain au levain ou d'un autre type de chapelure de grande qualité
- 1 œuf battu
- 1 recette de Vinaigrette au vinaigre balsamique (voir p. 122)
- 4 poignées de roquette

PRÉPARATION

Pour obtenir une douce saveur, choisissez de petites betteraves et faites-les griller. Ajoutez des gâteaux de fromage de chèvre et une Vinaigrette au vinaigre balsamique, et vous vous serez aux anges!

- Préchauffer le four à 200 °C (400 °F). Mettre les petites betteraves entières sur un grand morceau de papier d'aluminium. Couper les plus grosses en 2 ou en quartiers et les placer sur un morceau de papier d'aluminium. Y verser un filet d'huile d'olive et ajouter 1 c. à café (1 c. à thé) de sel et ½ c. à café (½ c. à thé) de poivre. Les envelopper en un petit paquet et les faire griller au four de 30 à 40 min jusqu'à ce qu'elles soient tendres et qu'elles se piquent facilement avec la pointe d'un couteau.

- Couper les crottins en 2 et façonner les morceaux en boule. Ajouter à la chapelure le reste du sel et du poivre. Tremper les boules de fromage dans l'œuf battu, puis les rouler dans la chapelure pour les en couvrir. Mettre au réfrigérateur pendant au moins 20 min.

- Mettre tous les ingrédients de la vinaigrette dans un bocal dont le couvercle visse, bien brasser et réserver.

- Quand les betteraves sont cuites, couper les petites en 2. Peler les grosses et les couper en tranches épaisses. Les mettre ensuite dans un bol et les mélanger avec la moitié de la vinaigrette.

- Disposer les boules de fromage sur une tôle à biscuits et cuire 10 min ou jusqu'à ce qu'elles soient croustillantes. Répartir la roquette, les betteraves et les boules de fromage entre des assiettes individuelles, puis y verser le reste de la vinaigrette en filet. Servir immédiatement pendant que c'est tiède.

UN PEU D'ORGANISATION

Les betteraves sont meilleures quand elles sont préparées le jour même, mais elles peuvent aussi être faites la veille. Vous pouvez préparer le fromage et la vinaigrette la veille et les conserver au frigo.

VARIANTES

Plutôt que de faire les gâteaux de fromage, vous pouvez étendre du fromage de chèvre sur des croûtons et les mettre à *broil*.

Salade d'asperge, d'orange et de fromage halloumi

6 portions en hors-d'œuvre, 4 portions en plat principal ou
8 portions en accompagnement · Préparation : 20 min

*Ce fromage grec à la texture élastique est le fromage idéal pour être
grillé ou poêlé. Il a une saveur intéressante, mais en plus, il se conserve
au réfrigérateur presque 1 an dans son emballage. Combinez-le à
n'importe quelle vinaigrette au goût piquant, et vous aurez un
amuse-gueule vite fait.*

- Cuire les asperges à l'eau bouillante salée jusqu'à ce qu'elles soient al dente. Les égoutter, les plonger dans l'eau glacée, puis les éponger avec du papier essuie-tout. Les disposer ensuite sur un grand plat de service ou des assiettes individuelles.

- Mettre tous les ingrédients de la vinaigrette dans un bocal dont le couvercle visse, bien brasser et réserver.

- Enlever la pelure des oranges et couper la chair en tranches de 1 cm (½ po). Couper les tranches en 2, puis les déposer sur les asperges.

- Saupoudrer de farine les tranches de fromage, puis saler et poivrer.

- Dans une sauteuse, chauffer l'huile d'olive jusqu'à ce qu'elle soit très chaude. Y faire dorer le fromage jusqu'à ce qu'il soit croustillant des 2 côtés. Le retirer de la sauteuse et le déposer sur les asperges.

- Verser la vinaigrette sur la salade et servir immédiatement.

UN PEU D'ORGANISATION

Vous pouvez préparer les asperges, les oranges et la vinaigrette le matin.
Le fromage doit être grillé juste avant de servir.

VARIANTES

Le fromage halloumi peut être utilisé seul avec la vinaigrette, sans les
oranges et les asperges. Vous pouvez remplacer les asperges par des haricots
verts ou des tomates cerises. Vous pouvez aussi remplacer la vinaigrette
par de la Vinaigrette à la harissa (voir p. 121) ou par de la Vinaigrette
aux anchois, aux câpres et à l'ail (voir p. 120).

- 1 bouquet d'asperges minces, parées
- 1 recette de Vinaigrette aux anchois, aux câpres et à l'ail (voir p. 120)
- 2 oranges sanguines ou navel
- 125 g (1 tasse) de farine tout usage
- 250 g (8 oz) de fromage halloumi égoutté et coupé en 8 tranches
- 1 c. café (1 c. à thé) de sel
- 1 c. café (1 c. à thé) de poivre noir fraîchement moulu
- 2 c. à soupe d'huile d'olive

Salade tiède de haricots verts aux œufs pochés, Sauce ravigote

- 200 g (7 oz) de haricots verts, parés
- 1 c. à soupe d'huile d'olive
- 1 c. à soupe de vinaigre de vin blanc
- 4 œufs provenant de poules élevées en liberté, de préférence

SAUCE RAVIGOTE
- 2 c. à café (2 c. à thé) de moutarde de Dijon
- 1 c. café (1 c. à thé) de vinaigre de vin rouge
- $\frac{1}{2}$ c. café ($\frac{1}{2}$ c. à thé) de sel
- $\frac{1}{2}$ c. café ($\frac{1}{2}$ c. à thé) de poivre noir fraîchement moulu
- 180 ml ($\frac{3}{4}$ tasse) d'huile d'arachide
- 1 c. à soupe de câpres rincées et hachées
- 1 c. à soupe de persil italien frais, haché
- 2 brins d'estragon frais, finement hachés
- 1 c. à soupe d'oignons verts ou d'oignons nouveaux, finement hachés

4 portions en hors-d'œuvre · Préparation : 30 min

Voici un hors-d'œuvre que l'on sert dans une brasserie qui est tout près de chez moi. L'un des associés m'en a gentiment donné la recette. Pour l'apprécier à sa juste valeur, vous pouvez l'accompagner d'un verre de bourgogne blanc bien froid.

- Blanchir les haricots à l'eau bouillante salée jusqu'à ce qu'ils soient al dente. Les égoutter, puis les plonger immédiatement dans l'eau glacée. Cela contribue à leur conserver leur belle couleur verte.

- Pour faire la Sauce ravigote : dans un petit bol, fouetter la moutarde, le vinaigre, le sel et le poivre. Incorporer l'huile graduellement. Incorporer ensuite les câpres, les fines herbes et l'oignon vert ou l'oignon nouveau.

- Juste avant de servir, verser l'huile d'olive dans une poêle et y réchauffer doucement les haricots.

- Entre-temps, porter 1 litre (4 tasses) d'eau à ébullition avec le vinaigre, puis y cuire un œuf à la fois. Casser un œuf dans une tasse, faire tourbillonner l'eau bouillante avec une cuillère, puis faire glisser doucement l'œuf au centre du tourbillon et le pocher de 3 à 5 min. À l'aide d'une écumoire, le retirer délicatement, puis l'égoutter sur du papier essuie-tout.

- Répartir les haricots dans des assiettes individuelles, déposer un œuf dans chaque assiette, puis verser un filet de Sauce ravigote sur la salade.

UN PEU D'ORGANISATION
Vous pouvez cuire les haricots le matin. La vinaigrette peut aussi être préparée le matin, mais après 3 ou 4 h, elle perdra sa belle couleur verte.

VARIANTES
Vous pouvez remplacer les haricots par des fonds d'artichaut. De plus, des tranches de bœuf saignant ou du bacon croustillant peuvent être un ajout tout à fait savoureux. Dans la vinaigrette, vous pouvez aussi remplacer le vinaigre de vin rouge par du vinaigre de xérès ou du vinaigre de vin blanc.

Salade d'aubergine, de petits oignons et de piment

6 portions en hors-d'œuvre, 4 portions en plat principal ou
8 portions en accompagnement · Préparation : 40 min

- 4 ciboules ou échalotes coupées en julienne
- 2 piments rouges de la grosseur d'un pouce, coupés en julienne
- 3 aubergines, des petites ou des moyennes
- 1 litre (4 tasses) d'huile d'arachide ou d'huile végétale
- 1 recette de Vinaigrette à la sauce soya, au gingembre et au piment (voir p. 122)
- 1 petit bouquet de coriandre fraîche

J'ai mangé ce plat dans un restaurant de Londres et j'ai eu envie de faire ma propre version de cette salade. Après plusieurs tentatives, je me suis rendu compte qu'il fallait faire frire les aubergines. Utilisez de l'huile d'arachide, vous obtiendrez des aubergines croustillantes sans cette désagréable odeur de grande friture.

- Mettre les petits oignons et les piments dans un bol d'eau, puis les placer au réfrigérateur jusqu'au moment de l'utilisation. Cela les rendra croquants et plus doux.

- Couper les aubergines en tranches de 1 cm (½ po) d'épaisseur. Dans un wok ou une casserole à fond épais, chauffer l'huile. L'huile est assez chaude quand un morceau de pain que l'on y plonge grésille immédiatement. Y frire les aubergines jusqu'à ce qu'elles soient bien dorées et croustillantes, puis les égoutter sur du papier essuie-tout. Disposer les tranches d'aubergine dans un grand bol.

- Mettre tous les ingrédients de la vinaigrette dans un petit bol et bien mélanger. Ou encore, les passer au robot culinaire.

- Égoutter les oignons et les piments, puis en parsemer les aubergines. Verser la vinaigrette sur la salade et servir immédiatement. Garnir de feuilles de coriandre fraîche.

UN PEU D'ORGANISATION

Vous pouvez faire la vinaigrette la veille, mais la salade doit être servie au plus tard 2 h après sa préparation.

VARIANTES

Si vous désirez avoir une version asiatique de cette salade, utilisez plutôt de la Vinaigrette au piment et au citron vert à la thaïlandaise (voir p. 123) ou de la Vinaigrette au miso et au gingembre (voir p. 123).

Champignons portobellos barbecue au gorgonzola

6 portions en hors-d'œuvre, 4 portions en plat principal ou 8 portions en accompagnement · Préparation : 20 min

- 8 gros champignons portobellos ou agarics champêtres
- 3 gousses d'ail finement hachées
- Une petite poignée de menthe fraîche, hachée
- Une petite poignée de basilic frais, haché
- 1 c. à café (1 c. à thé) de sel
- Poivre noir fraîchement moulu
- 3 c. à soupe de vinaigre de xérès
- 4 c. à soupe de vinaigre balsamique
- 125 ml (½ tasse) d'huile d'olive extra-vierge
- 100 g (3 ½ oz) de fromage gorgonzola coupé en cubes de 1 cm (½ po)
- Feuilles de radicchio ou de roquette, pour servir

PRÉPARATION

Les gros champignons portobellos absorbent la marinade sans devenir mous. Dans cette recette, les champignons, après avoir baigné dans une vinaigrette aux fines herbes, puis avoir été grillés au barbecue, sont recouverts de crémeux fromage gorgonzola.

- Quadriller légèrement les chapeaux des champignons, puis les disposer dans un plat étroit.

- Dans un petit bol, mettre l'ail, les fines herbes, le sel, le poivre, les deux types de vinaigre et l'huile d'olive. Bien mélanger et verser sur les champignons. Réserver et laisser mariner de 10 à 30 min. Ne pas faire mariner trop longtemps, car les champignons seraient détrempés.

- Cuire les champignons au barbecue ou au four, à *broil,* jusqu'à ce qu'ils soient dorés des 2 côtés.

- Juste avant de servir, déposer un peu de fromage à l'intérieur de chaque chapeau de champignon. Remettre à cuire jusqu'à ce que le fromage soit fondu.

- Servir immédiatement sur du radicchio ou de la roquette.

UN PEU D'ORGANISATION

Les ingrédients de la marinade peuvent être mélangés le matin, mais les champignons ne doivent pas mariner plus de 30 min avant la cuisson.

VARIANTES

Vous pouvez remplacer le gorgonzola par du fromage mascarpone ou par du fromage de chèvre, vous obtiendrez des résultats à vous rouler par terre. Si vous désirez avoir une salade un peu plus nutritive, vous pouvez servir des croûtons sous les champignons.

Salade tiède de citrouille à la menthe et à l'oignon rouge

6 portions en hors-d'œuvre, 4 portions en plat principal ou
8 portions en accompagnement · Préparation : 40 min

La citrouille crémeuse est grillée, puis on y verse une vinaigrette tiède. Vous pouvez utiliser une variété à chair ferme comme la jamaïcaine, cette énorme citrouille qui est vendue en morceaux dans les épiceries. Les autres types, plus filandreux, contiennent beaucoup d'eau et n'ont pas la texture veloutée nécessaire à cette recette.

- Préchauffer le four à 200 °C (400 °F).

- Déposer les morceaux de citrouille sur une grande tôle à biscuits. Ajouter 2 c. à soupe d'huile d'olive et mélanger, puis saler et poivrer. Cuire au four pendant 20 min ou jusqu'à ce que la citrouille soit dorée et tendre en remuant la tôle à biscuits de temps en temps.

- Chauffer le reste de l'huile dans une sauteuse. Ajouter l'ail et cuire jusqu'à ce que ce soit bien doré. Y verser le vinaigre et ajouter le miel, l'oignon et le piment en flocons. Porter à ébullition, puis diminuer le feu et laisser mijoter 5 min ou jusqu'à la consistance d'un sirop.

- Mettre la citrouille chaude dans un grand plat. Au moment de servir, y verser un filet de vinaigrette tiède, puis parsemer de menthe.

- Déposer des feuilles de roquette dans chaque assiette, y mettre de la citrouille, puis parsemer de pignons.

UN PEU D'ORGANISATION

Vous pouvez cuire la citrouille ou la courge au moins 2 h à l'avance. Ne la faites pas complètement cuire, puis placez-la immédiatement au frigo. Vous terminerez la cuisson juste avant de servir. Vous pouvez préparer la vinaigrette le matin.

VARIANTES

Remplacez la citrouille ou la courge musquée par des poivrons, des patates douces ou des courgettes. Pour obtenir un goût des plus savoureux, vous pouvez ajouter des crevettes, des Croûtons à l'ail (voir p. 127) ou des olives noires.

INGRÉDIENTS

- 1 citrouille ou courge musquée de 1 kg (2 ¼ lb), pelée et coupée en cubes de 2,5 cm (1 po)
- 5 c. à soupe d'huile d'olive extra-vierge
- 1 c. café (1 c. à thé) de sel
- 1 c. café (1 c. à thé) de poivre noir fraîchement moulu
- 2 gousses d'ail, en tranches fines
- 3 c. à soupe de vinaigre de vin rouge
- 1 ½ c. à soupe de miel liquide
- 1 petit oignon rouge, en tranches fines
- ½ c. café (½ c. à thé) de piment rouge séché, en flocons
- 2 c. à soupe de menthe fraîche, hachée
- 4 poignées de roquette
- 4 c. à soupe de pignons grillés

Salade du marché, croûtons et fromage de chèvre

6 portions en hors-d'œuvre, 4 portions en plat principal ou
8 portions en accompagnement · Préparation : 20 min

PRÉPARATION

INGRÉDIENTS

Quand je vivais en Crète avec ma famille, je préparais de grandes salades avec les bons ingrédients du marché. Voici le résultat. Les Grecs emploient du fromage crémeux mysithra, mais le fromage de chèvre est aussi excellent.

- Préchauffer le four à 200 °C (400 °F). Étendre les cubes de pain sur une tôle à biscuits et les faire dorer au four environ 8 min. Laisser refroidir, puis les déposer dans un grand bol de service. Ajouter les tomates, l'oignon, les concombres, les olives et l'origan.

- Mettre tous les ingrédients de la vinaigrette dans un bocal dont le couvercle visse et bien brasser. Juste avant de servir, ajouter la vinaigrette à la salade et bien brasser. Parsemer de fromage de chèvre et servir.

UN PEU D'ORGANISATION

Vous pouvez préparer les croûtons 2 jours à l'avance et les conserver dans un contenant hermétique. La vinaigrette peut être faite la veille. Vous pouvez couper les légumes le jour même, mais ajoutez les oignons seulement 1 h avant de servir.

VARIANTES

L'aneth frais peut remplacer l'origan. Vous pouvez aussi ajouter d'autres légumes croquants comme les radis, le poivron rouge ou le céleri. Pour obtenir un plat principal savoureux, ajoutez des tranches de poulet, d'agneau ou de bœuf saignant. Vous pouvez également garnir la salade de câpres.

- ½ baguette de pain au levain ou de pain croûté, coupée en cubes de 1 cm (½ po)
- 300 g (11 oz) de tomates cerises mûres, coupées en 2
- 1 gros oignon rouge finement haché
- 3 concombres libanais tranchés ou 1 gros concombre pelé, épépiné et tranché
- 20 olives noires, dénoyautées
- 2 c. à soupe d'origan frais, haché, ou 2 c. à café (2 c. à thé) d'origan séché
- 1 recette de Vinaigrette aux anchois, aux câpres et à l'ail (voir p. 120)
- 150 g (5 oz) de fromage de chèvre doux, émietté

DES NOUILLES ET DU RIZ

Qui se lasserait des nouilles ou du riz, dont les tons nacrés et le goût salé enchantent tous les palais? Recettes asiatiques ou méditerranéennes, les possibilités sont infinies. Et il n'est pas rare que nous nous laissions aller à la gourmandise. Manger des nouilles avec des baguettes n'est pas donné à tout le monde et il n'y a rien de honteux à préférer la fourchette. C'est plus rapide, de toute façon. Et songez aux magnifiques salades que vous ferez, pour un pique-nique, un repas à l'heure du midi ou un repas du soir élaboré que vous déciderez de vous préparer en solitaire.

Les nouilles asiatiques, mode d'emploi

Élément de base de la culture et de la cuisine asiatiques, les nouilles se mangent matin, midi et soir. Dans toute l'Asie, on aperçoit des têtes penchées sur leurs bols de nouilles. Fines ou épaisses, rondes ou plates, les nouilles permettent de préparer d'intéressantes salades, assaisonnées à la sauce soya ou au citron vert. Il est possible, toutefois, que vous restiez perplexe devant la gamme étourdissante des nouilles asiatiques. Le petit guide ci-dessous devrait vous aider à choisir celles qui vous conviennent. Quant aux autres ingrédients de vos salades, donnez libre cours à votre imagination : magret de canard grillé, fruits de mer, piments, oignons verts, légumes en julienne… ce sont là quelques idées, mais n'hésitez pas à exploiter votre créativité.

(1)  (2)

NOUILLES DE BLÉ

Ces nouilles, qui sont faites de farine et d'eau, contiennent aussi parfois des œufs. Quelle que soit la variété, il faut les faire bouillir avant de les apprêter. La plupart sont en vente au rayon des produits asiatiques du supermarché.

• *Nouilles aux œufs chinoises* (1) – Ce sont des nouilles de couleur jaune vif, fines ou épaisses, fraîches ou sèches. Vous pouvez les mélanger à une sauce piquante aux arachides, à du canard grillé ou à porc en lamelles.

• *Nouilles de blé chinoises* – Ces nouilles sont surtout vendues en portions individuelles qui ressemblent à des nids d'oiseaux. Vous les trouverez dans les épiceries chinoises. Elles peuvent être fines ou épaisses, rondes ou plates. Mélangez-les à un pesto asiatique ou à toute autre vinaigrette de couleur vive.

• *Nouilles ramen* (2) – Nouilles japonaises aux œufs, de couleur jaune pâle que vous pouvez vous procurer, fraîches ou sèches, dans les épiceries japonaises. À mon avis, elles ne sont pas idéales pour les salades, mais elles peuvent remplacer les autres nouilles aux œufs.

• *Nouilles somen* (3) – Vendues en petits paquets élégamment noués à l'aide d'un ruban, ces nouilles blanches, fines et délicates sont fabriquées au Japon. Servez-les avec une simple vinaigrette à la sauce soya ou mélangées à des piments, du gingembre et de la coriandre.

• *Nouilles udon* (4) – Ces nouilles japonaises blanches et épaisses sont vendues séchées ou fraîches en paquets scellés sous vide. De forme ronde, plate ou carrée, elles se marient très bien aux vinaigrettes à la sauce soya et au gingembre, aux piments et aux oignons verts. Elles accompagnent à merveille le porc asiatique grillé ou le flanc de porc braisé.

(3)  (4)

NOUILLES DE RIZ

Les nouilles de riz sont à base de fécule ou de farine de riz. Il convient donc de les faire tremper dans de l'eau très chaude pour les ramollir. La durée du trempage varie en fonction de la grosseur des nouilles. Bien qu'elles commencent à faire leur apparition sur les étagères des supermarchés, il est possible que vous n'en trouviez que dans les épiceries asiatiques.

• *Nouilles de riz* (5) – Leur goût et leur texture sont comparables à ceux des vermicelles. Elles sont toutefois plus plates et de dimensions plus variées: des plus fines (semblables aux vermicelles) aux moyennes (de la taille des fettucines) jusqu'aux grosses nouilles thaïlandaises appelées *janta-boon*. Dans les salades, il est préférable d'utiliser les nouilles fines ou moyennes, qui s'harmonisent très bien avec les saveurs thaïlandaises, chinoises ou vietnamiennes.

(5)   (6)

• *Vermicelles de riz* (6) – Ces minuscules nouilles sont populaires en Chine, en Thaïlande et au Vietnam. Elles se vendent sous forme de petits paquets ou de tablettes. Les vermicelles de riz sont parfaits pour les salades. Leur goût un peu fade leur permet d'absorber les saveurs plus robustes de l'ail, des piments ou du gingembre. On les utilise mous, mais ils sont excellents en grande friture et merveilleusement croustillants.

NOUILLES DE SOYA

C'est dans les épiceries thaïlandaises ou chinoises que vous trouverez ces nouilles fabriquées avec de l'amidon de haricot mungo. Faites-les simplement tremper dans l'eau chaude avant de les utiliser.

(7)   (8)

• *Vermicelles de soya* (7) – Ces vermicelles, également appelés nouilles cellophane, sont très appréciés pour leur transparence après trempage. Ils sont excellents avec une vinaigrette au citron vert et à la sauce de poisson thaïlandaise et des fines herbes asiatiques au goût prononcé, comme la menthe, la coriandre et le basilic thaïlandais. Elles permettent de préparer de savoureuses salades végétariennes, mais vous pouvez également les mélanger à de très fines lamelles de bœuf grillé, à des flocons de crabe ou à des crevettes juteuses.

NOUILLES DE SARRASIN

Ces nouilles riches en protéines sont à base de sarrasin. Vous en trouverez dans les supermarchés et les épiceries japonaises. Faites-les bouillir de 1 à 2 min avant de les utiliser.

• *Nouilles au thé vert* (8) – Également appelées nouilles chasoba, ces nouilles japonaises sont des nouilles soba qui ont un goût de thé vert. Cette saveur particulière et leur couleur vert tendre en font des ingrédients intéressants à utiliser dans les salades. Mariez-les à du bœuf grillé, une sauce teriyaki, des asperges, du canard ou des oignons verts.

• *Nouilles soba* (9) – Ces nouilles japonaises brun pâle qui sont vendues sèches, en paquets, ressemblent à des spaghettis. Leur texture ferme et leur goût de noisette vous permettront de faire des salades exceptionnelles. Servez-les à la manière traditionnelle, rafraîchies sur de la glace, accompagnées d'une sauce au dashi (bouillon japonais) ou mélangées à du soya, de l'ail et des légumes croquants comme le brocoli.

(9)

- 150 g (5 oz) de vermicelles de soya ou nouilles cellophane
- 1 carotte coupée en julienne
- 1 oignon rouge moyen, coupé en petits dés
- Un morceau de gingembre frais de 5 cm (2 po), coupé en julienne
- Une grosse poignée de basilic thaïlandais frais ou d'un autre type de basilic frais
- Une grosse poignée de coriandre fraîche
- 15 feuilles de menthe fraîche
- 1 recette de Vinaigrette au piment et au citron vert à la thaïlandaise (voir p. 123)
- 1 recette de Petits oignons croustillants (voir p. 127)
- 2 c. à soupe d'arachides ou de noix de cajou salées, broyées
- 1 recette de Bâtonnets croustillants au gingembre (voir p. 129) (facultatif)

PRÉPARATION

Tout à fait rafraîchissante pour un repas estival ou comme hors-d'œuvre d'un repas asiatique, cette salade constitue aussi une bonne base pour des tranches de thon grillé, des crevettes ou du crabe.

- Faire tremper les nouilles dans l'eau bouillante pendant environ 5 min ou jusqu'à ce qu'elles soient al dente. Les égoutter et les rincer à l'eau froide. Les assécher sur un linge à vaisselle. À l'aide de ciseaux, couper les nouilles en bouts de 15 cm (6 po) de longueur pour qu'elles soient plus faciles à mélanger. (Les Chinois racontent que c'est malchanceux de couper les nouilles, mais je l'ai fait plusieurs fois et jamais rien de malheureux ne m'est arrivé.)

- Dans un bol, mettre les nouilles, la carotte, l'oignon, le gingembre, le basilic, la coriandre et la menthe.

- Mettre tous les ingrédients de la vinaigrette dans un bocal dont le couvercle visse, bien mélanger et verser sur la salade. (Ou encore, dans un mortier, broyer tous les ingrédients de la vinaigrette à l'aide du pilon, puis ajouter le jus de citron vert et la sauce de poisson à la fin.)

- Disposer la salade sur un grand plat de service avec les Petits oignons croustillants, les noix broyées et les Bâtonnets croustillants au gingembre, si désiré.

UN PEU D'ORGANISATION

Vous pouvez préparer la vinaigrette, les petits oignons et les légumes la veille et les conserver dans des contenants hermétiques. N'ajoutez pas les oignons plus de 2 h avant de servir.

VARIANTES

Parmi les ajouts savoureux, mentionnons les crevettes, le crabe, le homard, des tranches de thon grillé, du poulet émincé et du filet de bœuf grillé.

Nouilles au thé vert, au canard et aux légumes

6 portions en hors-d'œuvre, 4 portions en plat principal ou
8 portions en accompagnement · Préparation : 40 min · 2 h pour la marinade

Cette recette vous offre un mélange de saveurs relevées.

- À l'aide d'un couteau tranchant, quadriller le côté gras des poitrines de canard. Les déposer dans un plat étroit en verre ou en céramique, puis verser la sauce de poisson, la sauce soya et le miel. Bien mélanger, puis saler et poivrer. Faire mariner au réfrigérateur pendant 2 h.

- Préchauffer le four à 200 °C (400 °F). Cuire les nouilles à l'eau bouillante salée jusqu'à ce qu'elles soient al dente. Les égoutter et les plonger dans l'eau glacée, puis réserver jusqu'au moment de servir.

- Préparer la vinaigrette, les Petits oignons croustillants et les Bâtonnets croustillants au gingembre, puis réserver.

- Égoutter les poitrines de canard, puis les assécher sur du papier essuie-tout.

- Chauffer une sauteuse jusqu'à ce qu'elle soit très chaude. Saisir vivement le canard des deux côtés, puis réduire à feu doux. Cuire, le côté gras vers le bas, pendant environ 10 min jusqu'à ce que presque tout le gras soit fondu. Cela donnera une peau croustillante. Mettre le canard dans un plat à rôtir peu profond et cuire au four pendant 10 min. Retirer le canard du four et laisser reposer pendant 10 min, puis couper la viande en tranches fines.

- Égoutter les nouilles, puis les assécher sur un linge à vaisselle. Les mettre ensuite dans un grand bol à mélanger. Ajouter les carottes, les ciboules ou les échalotes, le maïs, la coriandre, la menthe et les tranches de canard. Verser la vinaigrette sur la salade, puis parsemer de Petits oignons croustillants et de Bâtonnets croustillants au gingembre.

UN PEU D'ORGANISATION

Vous pouvez faire mariner le canard toute la nuit. La salade est à son meilleur quand elle est préparée seulement 1 h avant de servir, sinon les nouilles deviennent collantes.

VARIANTES

Vous pouvez remplacer le canard par du bœuf grillé ou par des crevettes. Vous pouvez aussi remplacer la Vinaigrette au tamarin et à la citronnelle par de la Vinaigrette au piment et au citron vert à la thaïlandaise (voir p. 122).

PRÉPARATION

INGRÉDIENTS

- 4 poitrines de canard
- 1 c. à soupe de sauce de poisson thaïlandaise
- 4 c. à soupe de sauce soya
- 2 c. à soupe de miel liquide
- ½ c. café (½ c. à thé) de sel
- ½ c. café (½ c. à thé) de poivre noir
- 250 g (8 oz) de nouilles au thé vert ou d'un autre type de nouilles asiatiques
- 1 recette de Vinaigrette au tamarin et à la citronnelle (voir p. 122)
- 1 recette de Petits oignons croustillants (voir p. 133)
- 1 recette de Bâtonnets croustillants au gingembre (voir p. 129)
- 2 carottes coupées en julienne
- 5 ciboules ou échalotes, en tranches fines
- 10 maïs miniatures frais, coupés dans le sens de la longueur et bouillis
- 15 g (½ tasse) de coriandre fraîche
- 15 g (½ tasse) de menthe fraîche

Nouilles de riz et poulet à la thaïlandaise

- 600 ml (2 ½ tasses) d'huile d'arachide ou d'huile végétale pour friture
- 100 g (3 ½ oz) de nouilles de riz ou de vermicelles de riz, brisés en morceaux de 5 cm (2 po)
- 6 poitrines de poulet, sans la peau, désossées
- 1 gros oignon rouge finement haché
- 3 c. à soupe de gingembre frais, râpé
- 2 petits piments rouges épépinés et hachés
- Une grosse poignée de coriandre fraîche, finement hachée
- ½ laitue iceberg dont on a retiré le cœur et séparé les feuilles
- Feuilles de coriandre fraîche pour la garniture

LA VINAIGRETTE
- 4 c. à soupe de jus de citron vert fraîchement pressé
- 125 ml (½ tasse) de jus de citron jaune fraîchement pressé
- 4 c. à soupe de sauce de poisson thaïlandaise
- 2 c. à soupe de sucre
- 2 c. à soupe d'eau

Les Thaïlandais sont reconnus pour leurs salades rafraîchissantes dans lesquelles ils utilisent des ingrédients raffinés. Cette salade est traditionnellement faite avec du porc, mais vous pouvez utiliser n'importe quelle viande.

- Dans un wok ou une grande casserole à fond épais, chauffer l'huile jusqu'à ce qu'un morceau de nouille se mette à grésiller immédiatement quand on le plonge dans l'huile bouillante. Cuire une certaine quantité de nouilles à la fois, les retirer à l'aide d'une cuillère en métal, puis les égoutter sur du papier essuie-tout.

- Passer les poitrines de poulet au robot culinaire jusqu'à ce qu'elles soient hachées. Jeter toute l'huile du wok ou de la casserole, à l'exception de 3 c. à soupe. Chauffer de nouveau à feu moyen-élevé jusqu'à ce que l'huile fume presque. Ajouter le poulet et cuire jusqu'à ce qu'il soit bien doré, en brisant la viande avec une grande fourchette. S'il y a trop de jus de cuisson dans la casserole, l'incliner et retirer le liquide.

- Mettre le poulet dans un bol, ajouter l'oignon, le gingembre, les piments et la coriandre, puis bien mélanger.

- Pour faire la vinaigrette : mettre le jus de citron vert, le jus de citron jaune, la sauce de poisson, le sucre et l'eau dans un bocal dont le couvercle visse et bien mélanger. Mêler la salade avec la vinaigrette. Ajouter de la sauce de poisson, au besoin.

- Empiler quelques feuilles de laitue pour former des bols individuels. Déposer des nouilles frites et de la salade de poulet sur chaque bol de laitue. Parsemer de quelques feuilles de coriandre et servir.

UN PEU D'ORGANISATION
La vinaigrette et le poulet peuvent être faits le matin et conservés au frigo. Les nouilles peuvent être frites la veille et conservées dans un contenant hermétique. Ne pas réunir tous les ingrédients de la salade plus de 1 h avant de servir.

VARIANTES
Si vous voulez ajouter de la couleur, des carottes ou des poivrons rouges en julienne seraient du plus bel effet.

Riz arborio aux légumes du printemps

6 portions en hors-d'œuvre, 4 portions en plat principal ou
8 portions en accompagnement · Préparation : 30 min

*Ma sœur Teresa fait un plat délicieux qu'elle appelle Salade de riz
confetti. J'ai un peu modifié sa recette en utilisant du riz arborio et des
légumes du printemps. Le riz arborio a des grains plats et courts et est
surtout utilisé pour le risotto. Plus consistant que le riz ordinaire, il
conservera sa texture sans devenir pâteux.*

PRÉPARATION

• Cuire le riz à l'eau bouillante salée jusqu'à ce qu'il soit al dente.
L'égoutter, le rincer à l'eau froide, puis l'égoutter encore. Le mettre
ensuite dans un grand bol à mélanger.

• Blanchir les pois, les asperges et les haricots dans des casseroles séparées
d'eau bouillante salée jusqu'à ce que les légumes soient al dente. Les
égoutter, puis les plonger immédiatement dans l'eau glacée. Les égoutter
encore, puis les assécher sur des linges à vaisselle. Les mettre ensuite
avec le riz, dans le bol.

• Ajouter l'oignon rouge, les petits oignons, les artichauts, le poivron,
les olives, l'aneth, le persil et la menthe.

• Mettre tous les ingrédients de la vinaigrette dans un bocal dont le
couvercle visse, brasser et verser la vinaigrette sur la salade. Bien brasser
le tout, goûter et ajouter du sel et du poivre, au besoin. Servir.

UN PEU D'ORGANISATION

La salade sur laquelle on a versé la vinaigrette se conserve 4 h, mais ne
pas ajouter l'oignon plus de 1 h avant de servir. Vous pouvez faire la
vinaigrette, blanchir les légumes et cuire le riz le matin, puis les conserver
au frigo.

VARIANTES

Vous pouvez remplacer le riz par de l'orzo ou par un autre type de petites
pâtes. Si vous avez le temps de préparer de petits artichauts frais et de les
cuire, préférez-les aux artichauts en conserve. Vous pouvez également
ajouter des gourganes écossées.

INGRÉDIENTS

- 250 g (8 oz) de riz arborio
- 125 g (1 tasse) de pois frais ou surgelés, écossés
- 1 paquet de minces tiges d'asperge parées et coupées en morceaux de 2,5 cm (1 po)
- 100 g (3 ½ oz) de haricots verts fins, parés
- Sel
- 1 oignon rouge moyen, finement haché
- 4 oignons verts ou oignons nouveaux, finement hachés
- 200 g (7 oz) d'artichauts en conserve, égouttés et coupés en quartiers
- 1 poivron rouge épépiné et finement haché
- 20 olives noires dénoyautées et coupées en 2
- 2 c. à soupe d'aneth frais, finement haché
- 2 c. à soupe de persil italien frais, finement haché
- 2 c. à soupe de menthe fraîche, hachée
- 1 recette de Vinaigrette traditionnelle au vin rouge (voir p. 120)

Pâtes au poulet, aux olives, au poivron et aux câpres

6 portions en hors-d'œuvre, 4 portions en plat principal ou
8 portions en accompagnement · Préparation : 40 min

La plupart des salades de pâtes sont sans intérêt, mais celle-ci offre la promesse d'un été idyllique.

- Cuire les pâtes à l'eau bouillante salée jusqu'à ce qu'elles soient al dente. Les égoutter, puis les rincer à l'eau froide. Les égoutter encore, puis les mettre dans un grand bol.

- Dans une casserole moyenne, porter le bouillon à ébullition. Ajouter le poulet, puis diminuer le feu. Couvrir et laisser reposer 30 min. Il est aussi possible de faire griller le poulet, mais il sera un peu sec.

- Retirer le poulet du bouillon, le séparer en lamelles et l'ajouter aux pâtes.

- Ajouter au contenu du bol les poivrons, l'oignon, les piments marinés, les deux types de tomate, les câpres, les olives et le basilic.

- Mettre tous les ingrédients de la vinaigrette dans un bocal dont le couvercle visse et bien brasser. Verser la vinaigrette sur la salade et mélanger. Servir à la température de la pièce.

UN PEU D'ORGANISATION

Vous pouvez préparer la vinaigrette, le poulet poché et les légumes hachés la veille et les conserver au frigo. Les éléments de la salade peuvent être réunis 2 h avant de servir.

PRÉPARATION

- 100 g (3 ½ oz) de pâtes (gigli ou pennes)
- Sel
- 500 ml (2 tasses) de bouillon de poulet
- 4 poitrines de poulet, sans la peau, désossées
- 1 poivron rouge épépiné et coupé en julienne
- 1 poivron jaune épépiné et coupé en julienne
- 1 petit oignon rouge finement haché
- 20 peperoncini ou tout autre type de piments doux marinés, épépinés et coupés en rondelles de 1 cm (½ po)
- 4 tomates séchées ou tomates séchées au soleil (conservées dans l'huile d'olive), finement hachées
- 100 g (3 ½ oz) de tomates cerises de différentes couleurs et de diverses formes (pomodorino, en forme de poire, jaunes ou autres), coupées en 2
- 1 c. à soupe de toutes petites câpres, rincées
- 20 olives noires, dénoyautées
- 25 g (1 tasse) de basilic frais, finement haché
- 1 recette de Vinaigrette aigre-douce (voir p. 120)

LES VIANDES, LES POISSONS ET LES VOLAILLES

Aucun autre plat n'est nécessaire, votre salade

suffira à vous combler. Crabe moelleux,

cailles croustillantes, bœuf grillé, tous font

d'une simple salade un mets de roi. Les vedettes

sont ici la viande, le poisson et la volaille,

tandis que la verdure se fond doucement dans

le décor. Rehaussez-en le parfum

en les assaisonnant d'épices et de marinades,

pendant que votre cuisine s'imprègne

d'arômes irrésistibles.

Cailles croustillantes, aubergines grillées et haricots verts

- 4 c. à soupe de sirop de grenade épais appelé mélasse de grenade
- 1 c. à café (1 c. à thé) de cannelle moulue
- 4 gousses d'ail broyées
- Sel et poivre noir fraîchement moulu
- 8 cailles désossées ou 8 cuisses de poulet, sans la peau, désossées
- 1 recette de Vinaigrette à la grenade (voir p. 120)
- 200 g (7 oz) de haricots verts, parés
- 2 petites aubergines coupées en tranches de 1 cm (½ po) d'épaisseur
- 25 g (1 tasse) de feuilles de persil italien frais
- 1 petit oignon rouge, coupé en fins dés
- Les graines de 1 grenade (facultatif)
- 7 c. à soupe de yogourt nature à la grecque, filtré

Le sirop de grenade épais que l'on appelle mélasse de grenade est une importation iranienne faite de graines de grenade écrasées et bouillies. On l'utilise pour les vinaigrettes, mais sa texture collante est parfaite pour faire des glaces pour le barbecue. Vous pouvez vous en procurer dans les boutiques de produits du Moyen-Orient, dans les épiceries fines ou en ligne.

- Mélanger la mélasse, la cannelle et l'ail, puis saler et poivrer. Frotter les cailles ou le poulet de ce mélange, puis laisser mariner au réfrigérateur de 30 min à 3 h. Mettre tous les ingrédients de la vinaigrette dans un bocal dont le couvercle visse, bien brasser et réserver.

- Faire blanchir les haricots verts à l'eau bouillante salée jusqu'à ce qu'ils soient al dente, les égoutter et les plonger dans l'eau glacée. Les égoutter encore et réserver. Badigeonner les tranches d'aubergine d'un peu de vinaigrette, puis saler et poivrer.

- Chauffer le barbecue ou préchauffer le four à *broil*. Faire griller les aubergines, les retirer du feu et réserver.

- Faire griller les cailles ou les cuisses de poulet jusqu'à ce qu'elles soient croustillantes et bien dorées

- Disposer les feuilles de persil sur un grand plat de service. Y mettre ensuite les haricots, les aubergines et l'oignon, puis garnir des cailles ou du poulet. Parsemer de graines de grenade, si désiré, puis verser un filet de vinaigrette. Mettre le yogourt dans un bol et le servir à part.

UN PEU D'ORGANISATION

Vous pouvez préparer la vinaigrette et les haricots le matin. Les cailles ou le poulet et les aubergines peuvent être cuits 3 h avant de manger, mais ne les faites pas cuire complètement. Terminez la cuisson avant de servir.

VARIANTES

Vous pouvez poêler ou cuire au barbecue de la longe d'agneau, puis la trancher et la servir à la place des cailles. Pour absorber la vinaigrette, du couscous ou du riz basmati constituent de bons ajouts. Si vous ne parvenez pas à trouver de la mélasse de grenade, remplacez-la par 2 c. à soupe de miel liquide mélangées à la même quantité de vinaigre de vin rouge.

Salade mexicaine au fromage de chèvre, crabe et tortillas

6 portions en hors-d'œuvre, 4 portions en plat principal ou
8 portions en accompagnement · Préparation : 20 min

*Voici un mélange de chair de crabe juteuse, de laitue croquante et de
fromage de chèvre crémeux accompagné de vinaigrette au citron vert,
au chipotle et au vinaigre de xérès. Tout à fait irrésistible !*

- Préchauffer le four à 200 °C (400 °F).

- Pour faire la vinaigrette : mettre le zeste de citron vert, le piment, le
vinaigre, le sel et le poivre dans un robot culinaire et mélanger jusqu'à
l'obtention d'une purée. Pendant que l'appareil fonctionne, verser
graduellement l'huile d'olive. Ou encore, hacher les ingrédients à la main
et mélanger dans un petit bol. Les mettre dans un contenant et réserver.

- Pour faire les lanières de tortillas croustillantes : déposer les tortillas
sur une tôle à biscuits, puis les vaporiser ou les badigeonner d'huile
végétale. Mettre au four pendant 5 min jusqu'à ce qu'elles soient dorées
et croustillantes. Réserver.

- Déchirer la laitue en morceaux de 2,5 cm (1 po), puis les disposer sur
un plat de service ou sur des assiettes individuelles. Parsemer de fromage
de chèvre et de crabe.

- Juste avant de servir, verser la vinaigrette sur la salade et garnir de
lanières de tortilla.

UN PEU D'ORGANISATION

Vous pouvez faire la vinaigrette et les tortillas la veille. Les ingrédients
de la salade ne doivent pas être réunis plus de 1 h avant de servir.

VARIANTES

Vous pouvez remplacer le crabe par des crevettes, des pétoncles ou même
par des lamelles de porc.

INGRÉDIENTS

- 4 petites poignées de mesclun, 3 petites laitues Bibb ou 2 cœurs de romaine
- 150 g (5 oz) de fromage de chèvre émietté
- 250 g (8 oz) de chair de crabe blanc, fraîche ou en conserve, égouttée

LA VINAIGRETTE

- Le zeste de 3 citrons verts, râpé
- 1 piment chipotle dans la sauce adobo, épépiné
- 4 c. à soupe de vinaigre de xérès
- $\frac{1}{2}$ c. à café ($\frac{1}{2}$ c. à thé) de sel
- $\frac{1}{2}$ c. à café ($\frac{1}{2}$ c. à thé) de poivre noir moulu
- 125 ml ($\frac{1}{2}$ tasse) d'huile d'olive extra-vierge

LANIÈRES DE TORTILLAS CROUSTILLANTES

- 4 tortillas de maïs ou de blé, coupées en lanières de 1 cm ($\frac{1}{2}$ po)
- 5 c. à soupe d'huile végétale

Salade de canard aux haricots verts, aux épinards et aux pacanes caramélisées, parfumée à la framboise

- 4 poitrines de canard
- Sel et poivre noir
- 200 g (7 oz) de jeunes pousses d'épinard
- 150 g (5 oz) de haricots verts fins, parés
- 125 g (4 oz) de tomates cerises, coupées en 2
- 1 petit oignon rouge, coupé en petits dés
- 1 recette de Vinaigrette au vinaigre de framboise et au vinaigre balsamique (voir p. 121), faite avec de l'huile de noisette
- 1 recette de Noix caramélisées (voir p. 129), faite avec des pacanes

LA MARINADE
- 4 c. à soupe de sauce soya
- 2 c. à soupe de miel liquide
- 4 c. à soupe de vinaigre de framboise
- 1 c. à soupe de vinaigre balsamique
- 2 c. à soupe d'huile de noix ou de noisette
- Sel et poivre noir

Cette salade de canard est très facile à préparer, impressionnante et tout à fait délicieuse.

- Pour faire la marinade : mettre tous les ingrédients de la marinade dans un plat en céramique peu profond.

- À l'aide d'un couteau, quadriller le côté gras des poitrines de canard, puis saler et poivrer. Les ajouter à la marinade, en les retournant pour bien les couvrir de liquide et laisser mariner au réfrigérateur de 2 à 24 h.

- Préchauffer le four à 200 °C (400 °F). Chauffer une poêle antiadhésive jusqu'à ce qu'elle soit très chaude. Égoutter les poitrines de canard, jeter la marinade et bien les éponger avec du papier essuie-tout. Faire griller les poitrines de canard, la peau vers le bas. Réduire à feu doux et cuire environ 10 min jusqu'à ce que le gras soit fondu. Le gras doit fondre lentement, sans brûler, pour qu'une mince couche de gras croustillante se forme.

- Mettre le canard dans un plat à rôtir peu profond ou dans un plat allant au four et cuire au four pendant 10 min. Retirer le canard du four, le laisser reposer 10 min, puis le couper en fines tranches.

- Disposer les épinards sur un plat de service ou sur des assiettes individuelles. Cuire les haricots à l'eau bouillante salée jusqu'à ce qu'ils soient al dente, les égoutter, puis les plonger dans l'eau glacée. Les égoutter encore une fois, puis les assécher sur un linge à vaisselle. Disposer les haricots sur les épinards avec les tomates et l'oignon.

- Mettre tous les ingrédients de la vinaigrette dans un bocal dont le couvercle visse, bien mélanger et réserver.

- Préparer les Noix caramélisées et les laisser refroidir. Parsemer les haricots de pacanes, puis déposer les tranches de canard sur la salade.

- Juste avant de servir, verser la vinaigrette sur la salade et bien mélanger.

UN PEU D'ORGANISATION
Vous pouvez faire mariner les poitrines de canard et préparer les haricots, les pacanes et la vinaigrette la veille.

VARIANTES
Vous pouvez remplacer le canard par des tranches de bœuf ou d'agneau.

Tataki de thon, vinaigrette à la sauce soya, aux petits oignons et au gingembre

6 portions en hors-d'œuvre, 4 portions en plat principal ou 10 portions en accompagnement · Préparation : 30 min · 1 h de plus pour le refroidissement

Utilisez du thon très frais d'un beau rouge, sans gras ou à peine marbré de gras. Le plat sera encore meilleur si vous faites griller le thon la veille. Enveloppez-le serré, puis placez-le au réfrigérateur. Vous serez alors assuré qu'il sera facile à couper.

- Couper le thon dans le sens de la longueur en 2 ou 3 morceaux d'environ 5 cm (2 po) de largeur qui ressemblent à de petits filets de bœuf.

- À feu moyen-élevé, chauffer une grande poêle antiadhésive.

- Entre-temps, frotter le thon d'huile d'olive, puis le rouler dans le sel et le poivre. Ajouter davantage de ces ingrédients, au besoin. Faire griller les filets jusqu'à ce qu'ils soient bien dorés de tous les côtés, en prenant soin de ne pas trop les cuire, car la chair doit être saignante à l'intérieur.

- Laisser refroidir légèrement les filets, puis les envelopper très serré dans une pellicule plastique. Plus ils seront enveloppés serré, plus il sera facile de les trancher. Mettre au réfrigérateur pendant au moins 1 h et même, de préférence, jusqu'à 12 h, la veille.

- Couper le daikon ou le concombre en julienne. Pour de meilleurs résultats, utilisez une mandoline. Disposer les feuilles de salade sur un grand plat de service, puis y empiler le daikon ou le concombre. Développer le poisson, puis le trancher très finement. Disposer le poisson autour des feuilles de salade. Mettre tous les ingrédients de la vinaigrette dans un bocal dont le couvercle visse et bien brasser.

- Verser la vinaigrette sur la salade juste avant de servir, puis la parsemer de graines de sésame grillées.

UN PEU D'ORGANISATION

La veille, vous pouvez faire griller le thon, préparer la vinaigrette et mettre le daikon en julienne. Faites tremper le daikon dans l'eau et conservez-le au frigo.

VARIANTES

Vous pouvez remplacer le thon par des crevettes grillées ou par de fines tranches de bœuf saignant.

PRÉPARATION

INGRÉDIENTS

- 900 g (2 lb) de filets de thon frais, la queue, de préférence
- 1 c. à soupe d'huile d'olive
- 1 c. à café (1 c. à thé) de sel
- 2 c. à café (2 c. à thé) de poivre noir fraîchement moulu
- Un morceau de daikon de 30 cm (12 po), pelé et coupé en julienne ou un morceau de concombre de 30 cm (12 po), épépiné
- 250 g (2 tasses) de feuilles de laitue épicée, comme la mizuna, les petites bettes à carde rouges, les jeunes feuilles de moutarde, la roquette ou le cresson
- 1 recette de Vinaigrette à la sauce soya, aux petits oignons et au gingembre (voir p. 123)
- 1 c. à soupe de graines de sésame grillées

- 24 grosses crevettes crues
- 2 grosses carottes coupées en julienne
- 1 poivron rouge épépiné et coupé en julienne
- 2 concombres moyens épépinés et finement tranchés
- 1 oignon rouge coupé en 2 et finement tranché
- 1 gros piment rouge épépiné et coupé en julienne
- 15 feuilles de menthe fraîche
- 20 g (¾ tasse) de coriandre fraîche

LA VINAIGRETTE
- 3 gousses d'ail hachées
- 2 gros piments rouges épépinés et hachés
- 3 tiges de citronnelle, le dernier tiers seulement, en tranches fines
- 1 oignon vert ou oignon nouveau, en tranches fines
- 1 c. à soupe de gingembre frais, haché
- 3 c. à soupe de sauce de poisson thaïlandaise
- 4 c. à soupe de sucre
- 6 c. à soupe de jus de citron vert fraîchement pressé
- ½ c. à café (½ c. à thé) de poivre noir fraîchement moulu

LA GARNITURE
- 3 c. à soupe de coriandre fraîche, hachée
- 3 ciboules ou échalotes, le blanc seulement, coupées en julienne et mises à tremper dans l'eau froide pendant 30 min
- 1 gros piment rouge épépiné, coupé en julienne et mis à tremper dans l'eau froide pendant 30 min

Salade de crevettes à la vietnamienne

Saveur et texture croquante, voilà le secret des salades du Sud-Est asiatique. Le citron vert, le sucre et la sauce de poisson sont les ingrédients clés de la vinaigrette. Ici, gingembre et citronnelle ajoutent encore à la saveur. Achetez des crevettes fraîches, même si elles sont un peu plus chères, leur goût surpasse de beaucoup celui des crevettes surgelées.

- Pour faire la vinaigrette : mettre l'ail, les piments, la citronnelle, l'oignon et le gingembre dans un robot culinaire et mélanger jusqu'à la consistance d'une pâte. Mettre la pâte dans un bol. Y incorporer la sauce de poisson, le sucre, le jus de citron vert, la coriandre et le poivre. Réserver.

- Décortiquer les crevettes, leur retirer la tête et les déveiner à l'aide d'un petit couteau à légumes.

- Porter à ébullition une casserole d'eau, ajouter les crevettes puis, quand elles sont roses, les retirer à l'aide d'une écumoire. Les rincer à l'eau froide, puis les éponger avec un linge à vaisselle.

- Dans un grand bol, mettre les carottes, le poivron, les concombres, l'oignon rouge, le piment rouge, la menthe et les crevettes.

- Juste avant de servir, verser la vinaigrette et bien mélanger.

- Servir la salade sur un grand plat de service et la parsemer des feuilles de coriandre, des petits oignons et des morceaux de piment.

UN PEU D'ORGANISATION
Le matin, vous pouvez décortiquer et pocher les crevettes, hacher les légumes, faire tremper les petits oignons et préparer la vinaigrette.

VARIANTES
Vous pouvez remplacer les crevettes par du poulet, du filet de bœuf grillé ou du thon frais grillé. Les végétariens peuvent utiliser des nouilles cellophane. Vous pouvez aussi ajouter des arachides broyées, des noix de cajou, des Petits oignons croustillants (voir p. 127) et des Bâtonnets croustillants au gingembre (voir p. 129).

Salade de crabe, de citron, de fenouil et de roquette

6 portions en hors-d'œuvre, 4 portions en plat principal ou
8 portions en accompagnement · Préparation : 20 min

*Le crabe est un aliment tellement savoureux qu'il n'a pas besoin qu'on
lui ajoute beaucoup de choses. Ici, il est mélangé à du citron, à de fines
tranches de fenouil cru et à de la roquette. Il est accompagné d'une
bonne cuillerée d'Ailloli au safran et de croûtons bien croustillants.*

- Préparer l'ailloli et le conserver au réfrigérateur jusqu'à l'utilisation.
Dans un bol, mélanger le crabe, le fenouil, le piment et la roquette.

- Juste avant de servir, presser les jus de citron jaune et de citron vert sur
la salade, y verser un filet d'huile d'olive, puis saler et poivrer. Mélanger
délicatement, puis servir sur des assiettes individuelles avec les croûtons
et une cuillerée d'ailloli.

UN PEU D'ORGANISATION

Vous pouvez faire l'ailloli la veille et le conserver au frigo. Tout le reste
doit être préparé tout juste avant de servir.

VARIANTES

Vous pouvez remplacer le crabe par des crevettes ou du homard. La salade
est aussi excellente sans ailloli.

PRÉPARATION

- ½ recette d'Ailloli au safran (voir p. 121)
- 570 g (1 ¼ lb) de chair de crabe blanc, fraîche
- 1 bulbe de fenouil dont on a retiré le cœur, tranché très finement
- 1 piment rouge épépiné et finement haché
- 100 g (3 ½ oz) de roquette
- Le jus de ½ citron jaune
- Le jus de ½ citron vert
- 3 c. à soupe d'huile d'olive extra-vierge
- 1 c. à café (1 c. à thé) de sel
- ½ c. à café (½ c. à thé) de poivre noir fraîchement moulu
- 4 fines tranches de ciabatta ou de tout autre type de pain italien, grillées

LES PLATS D'ACCOMPAGNEMENT

Que serait un barbecue sans les petits à-côtés croquants qui rendent viandes et poissons si attirants ? Une salade de pommes de terre parsemée de pancetta, une salade de papaye verte aux parfums de la Thaïlande, voilà quelques-uns des plaisirs de l'été. Dans l'univers des salades, la pomme de terre est une grande incomprise. Pourtant, elle brille de tous ses feux lorsqu'on l'associe à des ingrédients au goût plus prononcé et elle est encore en pleine forme des heures après avoir été mélangée à la vinaigrette.

Salade de papaye verte et de bœuf

6 portions en hors-d'œuvre, 4 portions en plat principal ou
8 portions en accompagnement · Préparation : 30 min

La papaye verte, un long fruit vert vendu dans les épiceries asiatiques, est en fait une papaye qui n'est pas mûre. Sa fabuleuse texture absorbe la vinaigrette au citron vert et s'imprègne des saveurs. Quand vous l'aurez essayée, vous en deviendrez sûrement accro.

- Frotter les steaks de sauce de poisson et d'huile. Couvrir les 2 côtés de grains de poivre. Chauffer un poêlon moyen jusqu'à ce qu'il soit très chaud. Saisir les steaks environ 3 min de chaque côté. Laisser reposer de 5 à 10 min, puis couper en tranches très fines et réserver.

- Mettre tous les ingrédients de la vinaigrette dans un bocal dont le couvercle visse, bien brasser et réserver.

- À l'aide d'un couteau ou d'une mandoline, couper la papaye en julienne. Ou encore, utiliser le côté d'une râpe qui sert à râper grossièrement. Dans ce cas, déposer un bol dans l'évier et placer la râpe sur le plan de travail, au-dessus du bol. En faisant de longs mouvements, râper un côté de la papaye pour obtenir de longues et élégantes lanières. Attention de ne pas couper plus loin que la partie tendre, au milieu, où sont les graines. Quand on arrive près des graines, il faut jeter la papaye. Il est important de faire de longs morceaux, car cela donne une belle texture à la salade.

- Ajouter à la papaye les petits oignons, le steak, le concombre, le basilic, la menthe, la coriandre et la vinaigrette. Bien brasser, goûter et ajouter de la sauce de poisson ou du jus de citron vert, au besoin. Juste avant de servir, parsemer d'arachides ou de noix.

UN PEU D'ORGANISATION

Vous pouvez préparer la vinaigrette, les petits oignons, le bœuf et la papaye le matin. Le concombre ne doit pas être tranché plus de 1 h avant de servir, sinon il rendra beaucoup d'eau. Vous devez servir la salade au plus 1 h après avoir réuni tous les ingrédients.

VARIANTES

Vous pouvez servir la salade sans viande. Vous pouvez ajouter des haricots verts et des quartiers de tomate. Vous pouvez aussi remplacer le bœuf par des crevettes, du poulet ou du porc. Vous pouvez également parsemer ce plat de Petits oignons croustillants (voir p. 127).

- 570 g (1 1/4 lb) de steaks de surlonge, le gras enlevé
- 1 c. à soupe de sauce de poisson thaïlandaise
- 1 c. à soupe d'huile d'arachide ou d'huile d'olive
- 2 c. à soupe de grains de poivre noir, concassés
- 1 recette de Vinaigrette au piment et au citron vert à la thaïlandaise (voir p. 123)
- 1 grosse papaye verte, pelée
- 4 ciboules ou échalotes, en tranches fines
- 1 gros concombre épépiné et coupé en julienne
- 25 g (1 tasse) de basilic frais
- 20 g (3/4 tasse) de menthe fraîche
- 20 g (3/4 tasse) de coriandre fraîche
- Une grosse poignée d'arachides grillées ou de noix de cajou grillées, grossièrement hachées

Salade de pommes de terre, d'oignon rouge et de pancetta à l'italienne

- 570 g (1 ¼ lb) de petites pommes de terre rouges
- 2 c. à café (2 c. à thé) de sel
- ½ recette de Vinaigrette traditionnelle au vin rouge (voir p. 120)
- 250 g (1 ⅓ tasse) de pancetta coupée en dés ou en tranches
- 1 oignon rouge finement haché
- Une grosse poignée de persil italien frais, finement haché
- 1 c. à café (1 c. à thé) de poivre noir fraîchement moulu

Ma mère faisait cette salade quand j'étais enfant, c'était ma préférée. Et ce plat est aussi savoureux chaud ou froid. Quand les pommes de terre sont encore chaudes, elles absorbent la vinaigrette et les autres assaisonnements. Pour obtenir une belle texture crémeuse, utilisez des pommes de terre rouges.

- Dans une casserole d'eau bouillante contenant 1 c. à café (1 c. à thé) de sel, cuire les pommes de terre jusqu'à ce qu'il soit facile de les piquer avec la pointe d'un couteau. Les égoutter, les remettre dans la casserole et les laisser sécher.

- Mettre tous les ingrédients de la vinaigrette dans un bocal dont le couvercle visse, bien brasser et réserver.

- Faire cuire la pancetta dans une petite sauteuse jusqu'à ce qu'elle soit très croustillante, puis l'égoutter sur du papier essuie-tout.

- Couper les pommes de terre en tranches de 1 cm (½ po) d'épaisseur, puis les mettre dans un grand bol. Ajouter la pancetta, l'oignon, le persil, le reste du sel, le poivre et la vinaigrette. Mélanger délicatement, goûter, puis ajouter plus de sel et de vinaigrette, au besoin.

UN PEU D'ORGANISATION
Vous pouvez préparer la salade la veille, puis la conserver au frigo.

VARIANTES
Vous pouvez remplacer le persil par du basilic, de la menthe ou de la ciboulette ou ajouter au persil l'une de ces fines herbes. Des olives hachées ou des câpres hachées seraient aussi de bons ajouts.

Salade de pommes de terre, de crème sure, d'aneth et d'oignon rouge

6 portions en hors-d'œuvre ou 8 portions en accompagnement
Préparation : 30 min

Dans cette succulente salade, les délicates pommes de terre rouges sont plongées dans une vinaigrette à la crème sure et à l'aneth quand elles sont encore chaudes. C'est la gâterie estivale par excellence pour accompagner le saumon ou un autre poisson.

PRÉPARATION

• Dans une casserole d'eau bouillante contenant 1 c. à café (1 c. à thé) de sel, cuire les pommes de terre jusqu'à ce qu'il soit facile de les piquer avec la pointe d'un couteau. Les égoutter, les remettre dans la casserole et les laisser sécher.

• Quand les pommes de terre sont assez froides pour être manipulées, les couper en tranches de 1 cm (½ po) d'épaisseur, puis les mettre dans un grand bol.

• Y verser un filet de vinaigre de cidre, parsemer du reste du sel et mélanger délicatement. Ajouter la crème, l'oignon, le céleri, l'aneth, les câpres et le poivre. Bien mélanger. Conserver au réfrigérateur jusqu'au moment de servir.

VARIANTES

Vous pouvez ajouter de fines tranches de saumon fumé. Vous pouvez remplacer la crème fraîche ou la crème sure par une Vinaigrette au vinaigre de xérès et à l'huile de noix (voir p. 60), par une Vinaigrette traditionnelle au vin rouge (voir p. 120) ou par une Vinaigrette au vinaigre balsamique (voir p. 122).

INGRÉDIENTS

• 570 g (1 ¼ lb) de petites pommes de terre rouges
• 2 c. à café (2 c. à thé) de sel
• 4 c. à soupe de vinaigre de cidre
• 250 ml (1 tasse) de crème fraîche ou de crème sure
• 20 g (¾ tasse) d'aneth frais, finement haché
• 1 oignon rouge finement haché
• 1 cœur de céleri, en tranches fines
• 1 c. à soupe de câpres rincées
• 1 c. à café (1 c. à thé) de poivre noir

DES FRUITS BIEN JUTEUX

Les fruits nous offrent des couleurs éblouissantes
et ils ont des saveurs auxquelles on ne peut
résister. S'ils sont mûrs et de saison,
bien entendu. Approchez une mangue, une
pêche ou un melon de vos narines et humez ce
parfum intense. Leur pulpe juteuse s'harmonise
bien avec d'autres ingrédients savoureux.
Vous n'aurez guère de cuisson à faire, il vous
suffira de marier textures et couleurs.
Figue fraîche, orange sanguine, mangue sucrée,
ce ne sont là que quelques-uns des éléments
d'une gamme qui vous permettra de composer
des salades mémorables.

avocat, d'orange
on rouge

PRÉPARATION

*Voici des ingrédients qui se complètent bien. Et, en plus de ses couleurs
vives, cette salade a un goût qui réchauffe le cœur. Elle possède aussi
un grand avantage, elle est très facile à préparer.*

• Déposer un peu de roquette sur chacune des assiettes de service ou
sur un grand plat.

• Couper les avocats en tranches fines, puis les disposer sur la roquette.

• À l'aide d'un couteau bien aiguisé, enlever l'écorce et la peau blanche
des oranges ainsi que les pépins, puis couper la chair en tranches de
1 cm (½ po). Couper chaque tranche d'orange en quartiers, puis les mettre
sur les avocats.

• Parsemer la salade des tranches d'oignon rouge et de basilic ou
de persil.

• Mettre tous les ingrédients de la vinaigrette dans un bocal dont le
couvercle visse et bien brasser. Verser la vinaigrette sur la salade et
servir immédiatement.

UN PEU D'ORGANISATION

Vous devez manger la salade assez rapidement après l'avoir préparée.
Vous pouvez la préparer 1 h avant de servir, mais pressez un citron jaune
ou un citron vert sur les avocats et ajoutez l'oignon juste avant de servir.
La vinaigrette peut être faite la veille et conservée au frigo.

INGRÉDIENTS

• Une grosse poignée de feuilles de roquette
(facultatif)
• 2 avocats pelés et dénoyautés
• 2 oranges (navel ou sanguines, de
préférence)
• 1 petit oignon rouge en tranches fines
• 15 g (½ tasse) de basilic frais ou de persil
italien frais, grossièrement haché

LA VINAIGRETTE AUX OLIVES NOIRES
• 2 c. à soupe d'olives noires dénoyautées
et hachées
• 2 c. à soupe de vinaigre de xérès ou de
vinaigre de vin rouge
• 4 c. à soupe d'huile d'olive extra-vierge
• ½ oignon vert ou oignon nouveau,
finement haché
• ½ c. à café (½ c. à thé) de sel
• ½ c. à café (½ c. à thé) de poivre noir
fraîchement moulu

- 8 tranches de prosciutto
- 8 figues mûres, coupées en quartiers
- 4 boules de fromage mozzarella de bufflonne, égouttées
- Une grosse poignée de basilic frais, déchirée en 2
- 4 c. à soupe de vinaigre balsamique âgé de 10 ans ou de tout autre type de vinaigre balsamique de bonne qualité
- 4 c. à soupe d'huile d'olive extra-vierge
- 1 c. à café (1 c. à thé) de sel
- 1 c. à café (1 c. à thé) de poivre noir fraîchement moulu

Figues, mozzarella, basilic et prosciutto parfumés au vinaigre balsamique

6 portions en hors-d'œuvre, 4 portions en plat principal ou 8 portions en accompagnement · Préparation : 10 min

Les figues Mission, qui sont violet foncé, ont été amenées en Californie par les missionnaires espagnols. Ce sont les meilleures. Ces fruits dont l'intérieur rouge est succulent ont très peu de petites graines. De juin à octobre, on en trouve aussi d'autres types, importés de la Turquie et du Moyen-Orient.

- Étendre 2 tranches de prosciutto sur chacune des 4 assiettes ou mettre toutes les tranches sur un grand plat de service. Déposer 8 quartiers de figue sur chaque assiette.

- Déchirer chaque boule de mozzarella en morceaux de 5 cm (2 po), puis les répartir entre les assiettes. Parsemer chaque assiette de feuilles de basilic.

- Juste avant de servir, verser du vinaigre balsamique et de l'huile d'olive sur la salade, puis saler et poivrer. Servir immédiatement.

UN PEU D'ORGANISATION

Vous pouvez préparer les ingrédients pendant la journée, mais réunissez les juste avant de servir.

VARIANTES

Les figues séchées réhydratées dans le vinaigre balsamique seront extraordinaires pendant les mois d'hiver. Vous pouvez ajouter de la roquette ou du mesclun. Parsemez le tout de pistaches hachées.

NOTES : Conservez la mozzarella à la température de la pièce, car le froid modifie la texture du fromage. Dans cette recette, utilisez des vinaigres et des huiles de première qualité seulement.

Ceviche de bar accompagné de mangue, d'oignon rouge et de coriandre

6 portions en hors-d'œuvre ou 4 portions en plat principal • Préparation : 15 min · 30 min de plus pour faire la marinade

Des tranches de bar aussi minces qu'une feuille de papier sont «cuites» dans le jus de citron vert et accompagnées de mangue juteuse, d'oignon rouge et de croustillants morceaux de tortilla. Pour préparer ce plat, il va sans dire que vous devez acheter du poisson de très grande qualité extrêmement frais.

• Déposer les tranches de bar dans un plat de service creux. Y verser la moitié du jus de citron vert et laisser reposer au réfrigérateur pendant 30 min ou jusqu'à ce que le poisson soit devenu opaque.

• Dans une petite poêle à fond épais, chauffer l'huile, puis tapisser un bol de papier essuie-tout. Vérifier la température de l'huile en y plongeant un petit morceau de tortilla; si l'huile est assez chaude, la tortilla deviendra croustillante et fera des bulles très rapidement. Quand l'huile est assez chaude, ajouter les morceaux de tortilla et cuire pendant 30 sec, jusqu'à ce qu'ils soient croustillants. Les retirer à l'aide d'une écumoire et les égoutter dans le bol tapissé de papier essuie-tout. Ou encore, vaporiser d'huile les morceaux de tortilla et les cuire dans un four préchauffé à 200 °C (400 °F) pendant 8 min.

• Retirer le poisson du jus de citron vert et le mettre dans un bol. Ajouter la mangue, la coriandre hachée, l'oignon et le piment.

• Juste avant de servir, ajouter le reste du jus du citron vert, puis saler et poivrer. Servir sur des assiettes individuelles garnies de coriandre et présenter des chips tortillas pour accompagner.

UN PEU D'ORGANISATION

Vous ne devez pas faire mariner le bar plus de 1 h avant de servir, sinon il deviendrait caoutchouteux. La vinaigrette au citron vert doit être versée juste avant de servir, sinon les mangues se transformeraient en bouillie.

VARIANTES

Vous pouvez remplacer le bar par de l'espadon ou du thon. Si vous ne voulez pas vous donner la peine de faire des chips tortillas, remplacez-les simplement par des feuilles de romaine croquantes. Vous pouvez aussi couper le poisson et la mangue en petits dés et servir le tout en trempette ou en canapé.

INGRÉDIENTS

- 570 g (1 ¼ lb) de filet de bar, sans la peau, en très fines tranches
- 250 ml (1 tasse) de jus de citron vert fraîchement pressé
- 250 ml (1 tasse) d'huile végétale ou d'huile d'arachide
- 4 tortillas de maïs coupées en 3 morceaux chacune
- 1 grosse mangue mûre pelée, dénoyautée et coupée en tranches très fines
- Une petite poignée de coriandre fraîche, grossièrement hachée
- 1 petit oignon rouge finement haché
- 1 petit piment rouge frais, épépiné et haché ou 1 piment chipotle dans la sauce adobo, finement haché
- ½ c. à café (½ c. à thé) de sel
- ½ c. à café (½ c. à thé) de poivre noir fraîchement moulu
- Feuilles de coriandre fraîche pour garnir

Les vinaigrettes : les essentielles

Une salade n'est jamais complète sans la touche finale. En fait, la méthode pour faire la vinaigrette est presque toujours la même – mettre tous les ingrédients de la vinaigrette dans un bocal dont le couvercle visse et bien brasser. Il n'y a pas vraiment de formule pour calculer la proportion de vinaigre par rapport à la proportion d'huile, c'est une affaire de goût. Alors, adaptez les recettes à la saveur désirée : douce ou piquante. Procurez-vous des vinaigres et des huiles de grande qualité, cela en vaut la peine. Un vinaigre bon marché trop acide peut faire en sorte que votre salade soit réussie ou qu'elle soit ratée, alors recherchez des produits vieillis de grande qualité. Préparez les vinaigrettes qui suivent et servez-les avec n'importe quelle salade de ce livre.

VINAIGRETTE TRADITIONNELLE AU VIN ROUGE

Légère et de bon goût pour les feuilles de salade douces, cette vinaigrette polyvalente peut aussi être utilisée sur n'importe quelle salade.

4 c. à soupe de vinaigre de vin rouge
7 c. à soupe d'huile d'olive extra-vierge
1 gousse d'ail finement hachée
$1/2$ c. à café ($1/2$ c. à thé) de moutarde de Dijon
1 c. à café (1 c. à thé) de sucre
$1/2$ c. à café ($1/2$ c. à thé) de sel
$1/2$ c. à café ($1/2$ c. à thé) de poivre noir
   fraîchement moulu

VINAIGRETTE AUX ANCHOIS, AUX CÂPRES ET À L'AIL

Cette vinaigrette donne aux salades grecques un goût tout à fait divin. Elle est savoureuse sur de la mozzarella ou du fromage halloumi frit.

1 filet d'anchois dans l'huile, rincé et haché
10 petites câpres rincées et hachées
1 gousse d'ail finement hachée
$1/2$ c. à café ($1/2$ c. à thé) de sel

$1/2$ c. à café ($1/2$ c. à thé) de poivre noir
   fraîchement moulu
125 ml ($1/2$ tasse) de vinaigre de vin rouge
7 c. à soupe d'huile d'olive extra-vierge

VINAIGRETTE À LA GRENADE

Aigre-douce et tout à fait exotique, c'est l'une des meilleures vinaigrettes pour les salades nord-africaines ou méditerranéennes.

5 c. à soupe de sirop de grenade épais que l'on
   appelle mélasse de grenade
Le jus de $1/2$ citron
1 gousse d'ail broyée
$1/2$ c. à café ($1/2$ c. à thé) de cumin moulu
1 c. à café (1 c. à thé) de sucre
5 c. à soupe d'huile d'olive extra-vierge
$1/2$ c. à café ($1/2$ c. à thé) de sel
$1/2$ c. à café ($1/2$ c. à thé) de poivre noir
   fraîchement moulu

VINAIGRETTE AIGRE-DOUCE

Cette vinaigrette est excellente avec les pâtes et la verdure.

1 c. à soupe de vinaigre de xérès
1 c. à soupe de vinaigre de cassis, de vinaigre de
   figue ou de vinaigre balsamique
2 c. à soupe de Vinaigrette traditionnelle au vin
   rouge (voir ci-contre)
125 ml ($1/2$ tasse) d'huile d'olive extra-vierge
1 c. à café (1 c. à thé) de moutarde de Dijon
1 gousse d'ail finement hachée
1 c. à café (1 c. à thé) de sucre
$1/2$ c. à café ($1/2$ c. à thé) de piment rouge broyé
1 c. à café (1 c. à thé) de sel
$1/2$ c. à café ($1/2$ c. à thé) de poivre noir

VINAIGRETTE À L'ORANGE ET AUX CÂPRES

Servez cette vinaigrette bien relevée avec de la mozzarella, des aubergines et des lentilles.

2 c. à soupe de câpres rincées et hachées
1 gousse d'ail finement hachée
$1/2$ oignon vert ou oignon nouveau, finement haché

3 c. à soupe de persil italien frais,
   finement haché
1 c. à soupe de moutarde à l'ancienne
1 c. à soupe de jus d'orange
2 c. à soupe de vinaigre de vin rouge
3 c. à soupe d'huile d'olive extra-vierge
$^1/_2$ c. à café ($^1/_2$ c. à thé) de sel
$^1/_2$ c. à café ($^1/_2$ c. à thé) de poivre noir

VINAIGRETTE AU VINAIGRE DE XÉRÈS ET À L'HUILE D'OLIVE

Cette vinaigrette est le complément idéal
des salades amères comme l'endive et le
cresson, mais elle est aussi savoureuse
avec les lentilles et les haricots.

3 c. à soupe de vinaigre de xérès
6 c. à soupe d'huile d'olive extra-vierge
$^1/_2$ c. à café ($^1/_2$ c. à thé) de moutarde de Dijon
1 c. à café (1 c. à thé) de sucre
$^1/_2$ c. à café ($^1/_2$ c. à thé) de sel
$^1/_2$ c. à café ($^1/_2$ c. à thé) de poivre noir
   fraîchement moulu

AIOLLI AU SAFRAN

Cette mayonnaise à l'ail est délicieuse
dans les salades de pommes de terre
ou avec des légumes grillés à
la provençale.

2 jaunes d'œufs à la température de la pièce
1 c. à café (1 c. à thé) de pistils de safran qui ont
   trempé dans 2 c. à soupe d'eau chaude
4 gousses d'ail finement hachées
$^1/_2$ c. à café ($^1/_2$ c. à thé) de sel
$^1/_2$ c. à café ($^1/_2$ c. à thé) de poivre noir

250 ml (1 tasse) d'huile d'olive et d'huile d'arachide,
   à parts égales, soit 125 ml ($^1/_2$ tasse) chacune
Le jus de $^1/_2$ citron

• Dans un robot culinaire ou un
mélangeur, mettre les jaunes d'œufs,
le safran et son eau de trempage,
l'ail, le sel et le poivre, puis
mélanger rapidement.

• Pendant que l'appareil fonctionne,
ajouter l'huile graduellement jusqu'à ce
que le mélange soit épais et bien mélangé.

• Ajouter le jus de citron et mélanger
encore. On peut aussi mélanger le tout
dans un petit bol.

• Si l'ailloli n'épaissit pas, le retirer de
l'appareil et le mettre dans un pot.
Mettre 1 c. à soupe de mayonnaise du
commerce dans le robot culinaire, puis
faire fonctionner l'appareil. Y verser
graduellement l'ailloli jusqu'à ce qu'il
soit bien homogène.

VINAIGRETTE AU VINAIGRE DE FRAMBOISE ET AU VINAIGRE BALSAMIQUE

Cette vinaigrette est délicieuse avec
les salades de mesclun ou d'épinard,
quelle que soit l'huile que vous
choisissiez.

4 c. à soupe de vinaigre de framboise
2 c. à soupe de vinaigre balsamique
4 c. à soupe d'huile d'olive

3 c. à soupe d'huile de noisette ou de noix
1 c. à café (1 c. à thé) de moutarde de Dijon
$^1/_2$ c. à café ($^1/_2$ c. à thé) de sel
$^1/_2$ c. à café ($^1/_2$ c. à thé) de poivre noir
   fraîchement moulu

VINAIGRETTE À LA HARISSA

Utilisez cette savoureuse vinaigrette
d'Afrique du Nord sur les carottes, le
couscous et les légumes grillés.

125 ml ($^1/_2$ tasse) d'huile d'olive extra-vierge
2 c. à café (2 c. à thé) de pâte de harissa
1 gousse d'ail broyée
$^1/_2$ c. à café ($^1/_2$ c. à thé) de cumin moulu
Le jus de 1 citron
1 c. à café (1 c. à thé) de menthe fraîche, hachée
1 c. à café (1 c. à thé) de persil frais, haché
1 c. à café (1 c. à thé) de sel
1 c. à café (1 c. à thé) de miel liquide
$^1/_2$ c. à café ($^1/_2$ c. à thé) de poivre noir

VINAIGRETTE À LA MOUTARDE À L'ANCIENNE

Voici la vinaigrette idéale pour
accompagner les lentilles, les pommes de
terre, la salade de chou ou la romaine.

1 gousse d'ail finement hachée
125 ml ($^1/_2$ tasse) d'huile d'olive extra-vierge
2 c. à soupe de vinaigre de vin rouge
1 c. à soupe de vinaigre balsamique
1 c. à soupe de moutarde à l'ancienne
1 c. à café (1 c. à thé) de sel
$^1/_2$ c. à café ($^1/_2$ c. à thé) de poivre noir
   fraîchement moulu

VINAIGRETTE AU TAMARIN ET À LA CITRONNELLE

Cette vinaigrette a du mordant. Utilisez-la avec les nouilles, les salades de chou asiatiques et les salades thaïlandaises.

100 g (3 1/2 oz) de jus ou de sirop de tamarin en bocal

4 c. à soupe d'eau

2 c. à soupe d'huile végétale

Le jus de 2 citrons verts

1 1/2 c. à soupe de sauce soya

2 c. à soupe de miel liquide

1 c. à soupe de gingembre frais, râpé

1 gousse d'ail

1 piment rouge frais, épépiné

2 tiges de citronnelle, dont on a retiré les feuilles extérieures et 7,5 cm (3 po) de la partie supérieure

1/2 c. à café (1/2 c. à thé) de poivre noir

• Mettre tous les ingrédients dans un robot culinaire et mélanger jusqu'à consistance homogène. Ou encore, hacher tous les ingrédients à la main et les mélanger dans un petit bol.

VINAIGRETTE À LA SAUCE SOYA, AU GINGEMBRE ET AU PIMENT

Faite de sauce soya indonésienne douce et consistante, cette sauce peut être utilisée comme vinaigrette ou comme trempette.

5 c. à soupe de sauce soya douce (kecap manis) ou 5 c. à soupe de sauce soya foncée mélangée avec 1 c. à soupe de cassonade

2 petits piments rouges de la grosseur d'un pouce, épépinés et hachés

3 gousses d'ail finement hachées

1 c. à soupe de gingembre frais, râpé

Le jus de 2 citrons verts

1 c. à soupe de vinaigre de riz

2 c. à soupe de sucre

1/2 c. à café (1/2 c. à thé) de poivre noir

• Dans un petit bol, mélanger tous les ingrédients. Ou encore, mettre tous les ingrédients dans un robot culinaire et mélanger jusqu'à consistance homogène.

VINAIGRETTE AU VINAIGRE BALSAMIQUE

Cette vinaigrette traditionnelle peut accompagner presque toutes les salades.

5 c. à soupe de vinaigre balsamique

125 ml (1/2 tasse) d'huile d'olive extra-vierge

1 gousse d'ail finement hachée

1 c. à café (1 c. à thé) de moutarde de Dijon

1 c. à café (1 c. à thé) de sucre

1 c. à café (1 c. à thé) de sel

1/2 c. à café (1/2 c. à thé) de poivre noir fraîchement moulu

VINAIGRETTE HUILE D'OLIVE ET CITRON

Simple et délicieuse, cette vinaigrette est le complément parfait des salades méditerranéennes et des légumes verts à feuilles.

Le jus de 1 citron

1/2 c. à café (1/2 c. à thé) de zeste de citron râpé

5 c. à soupe d'huile d'olive extra-vierge

1 c. à soupe de miel liquide

1/2 c. à café (1/2 c. à thé) de sel

1/2 c. à café (1/2 c. à thé) de poivre noir fraîchement moulu

VINAIGRETTE AUX TOMATES SÉCHÉES, AUX OLIVES ET À L'OIGNON ROUGE

Cette vinaigrette se marie parfaitement bien aux haricots, aux pâtes et aux lentilles.

6 Tomates séchées au four (voir p. 128), hachées

4 olives noires dénoyautées et finement hachées

1 petit oignon rouge finement haché

1 petit bouquet de basilic frais, finement haché

7 c. à soupe de vinaigre balsamique ou de vinaigre de vin rouge

125 ml (1/2 tasse) d'huile d'olive extra-vierge

1/2 c. à café (1/2 c. à thé) de sel

1/2 c. à café (1/2 c. à thé) de poivre noir fraîchement moulu

VINAIGRETTE À L'AIL ET AUX FINES HERBES

Ce mélange de saveurs rehausse des ingrédients comme les lentilles et les haricots qui, autrement, sont plutôt fades.

8 gousses d'ail non pelées

1 c. à café (1 c. à thé) de moutarde de Dijon

2 c. à soupe de persil frais, haché

2 c. à soupe de vinaigre de vin rouge

1 c. à soupe de vinaigre de xérès

1 c. à soupe de vinaigre balsamique
125 ml ('/₂ tasse) d'huile d'olive extra-vierge
1 c. à café (1 c. à thé) de miel liquide
'/₂ c. à café ('/₂ c. à thé) de sel
'/₂ c. à café ('/₂ c. à thé) de poivre noir
   fraîchement moulu

• Mettre les gousses d'ail dans une poêle sans matières grasses. Les faire légèrement carboniser de tous les côtés, les laisser refroidir, puis les peler. Les hacher ensuite grossièrement. Les ajouter aux autres ingrédients, puis mélanger dans un bocal dont le couvercle visse.

VINAIGRETTE AU PIMENT ET AU CITRON VERT À LA THAÏLANDAISE

Cette vinaigrette aigre-douce est à la fois salée et épicée. Utilisée sur des salades asiatiques, elle se marie bien avec les nouilles, le poulet, le bœuf et les crevettes.

125 ml ('/₂ tasse) de jus de citron vert,
   fraîchement pressé
2 c. à café (2 c. à thé) de sucre
1 gousse d'ail broyée
'/₂ piment rouge moyen, épépiné et haché
2 c. à soupe de sauce de poisson thaïlandaise
1 c. à soupe de coriandre fraîche, hachée

VINAIGRETTE À LA SAUCE SOYA, AUX PETITS OIGNONS ET AU GINGEMBRE

Cette vinaigrette est tout à fait succulente sur des laitues au goût prononcé, des nouilles, du poulet ou du thon grillé.

2 c. à soupe d'oignon vert ou d'oignon nouveau,
   finement haché
3 c. à soupe de sauce soya
2 '/₂ c. à soupe de vinaigre de riz
2 c. à café (2 c. à thé) d'eau
'/₂ c. à café ('/₂ c. à thé) de sucre
1 c. à café (1 c. à thé) de gingembre frais, râpé
4 c. à café (4 c. à thé) d'huile végétale
4 c. à café (4 c. à thé) d'huile de sésame
'/₂ c. à café ('/₂ c. à thé) de poivre noir
   fraîchement moulu

VINAIGRETTE AU MISO ET AU GINGEMBRE

Un délice avec les tomates, les légumes et les salades d'inspiration japonaise!

3 c. à soupe de miso
1 gousse d'ail finement hachée
3 c. à soupe de mirin
1 c. à soupe de sucre
1 c. à café (1 c. à thé) de zeste de citron râpé
1 c. à soupe d'huile de sésame
1 c. à soupe de sauce soya japonaise
1 c. à soupe de gingembre frais, râpé
4 c. à soupe de vinaigre de riz
5 c. à soupe d'huile végétale
'/₂ c. à café ('/₂ c. à thé) de poivre noir
Sel au goût

Douceur et acidité, huiles et vinaigres

Créer une salade dont tout le monde va se souvenir, rien de plus facile si vous utilisez les huiles et les vinaigres appropriés. L'humble laitue acquerra ses lettres de noblesse dans quelques gouttes d'huiles de noix et d'un excellent vinaigre de xérès. Évitez les huiles sans goût et les vinaigres à la saveur beaucoup trop prononcée qui tueront vos ingrédients et réduiront votre travail à néant. Achetez plutôt des variétés correctement vieillies, au goût relevé et à la riche couleur. Que vous préfériez les classiques ou les huiles et vinaigres nouveau genre, tout ce qui compte, c'est le goût et la qualité !

LES VINAIGRES

• *Vinaigre balsamique* – Fabriqué avec du raisin blanc Trebbiano, ce vinaigre de vin âgé possède une couleur foncée et un goût intense, aromatique, à la fois doux et acide. Il est en vente sous le nom d'*aceto balsamico tradizionale*. Normalement, il doit être vieilli en fûts pendant au moins 12 ans. C'est donc un ingrédient coûteux, mais il est délicieux, et c'est un must dans vos salades. Quelques gouttes seulement suffiront pour faire votre vinaigrette. Les marques industrielles ne reçoivent évidemment pas ces attentions, mais elles sont tout de même très bonnes. Le vinaigre balsamique convient particulièrement aux salades italiennes ou méditerranéennes.

• *Vinaigre balsamique blanc* – Ce vinaigre est fabriqué d'une façon entièrement différente du véritable vinaigre balsamique. Il est produit en alliant du vinaigre de champagne à du jus de raisin concentré, pour obtenir un vinaigre de vin blanc sucré. Il est excellent dans les vinaigrettes douces qui accompagnent les jeunes feuilles de laitue.

• *Vinaigre de cidre* – Ce vinaigre doré, au goût franc, est fabriqué avec des pommes. À la fois doux et acide, il permet de faire d'excellentes vinaigrettes à la mayonnaise et accompagne fort bien les salades de pommes de terre et de chou.

• *Vinaigre de champagne* – C'est un vinaigre blanc fabriqué avec des raisins de Champagne lors de la deuxième fermentation, avant l'apparition des bulles. Léger et franc, il convient parfaitement aux vinaigrettes délicates qui accompagnent les légumes et les laitues.

• *Vinaigre de riz* – Les vinaigres japonais et chinois sont à base de riz blanc fermenté. Ils sont délicats, pâles, aigres et doux à la fois. Le vinaigre de riz brun, couleur ambre clair, a une saveur légèrement plus prononcée que le vinaigre de riz blanc. C'est dans les salades asiatiques, de chou, de nouilles et d'aubergines que le vinaigre de riz est le plus apprécié.

• *Vinaigre de xérès* – Ce vinaigre espagnol est fabriqué avec du xérès oloroso vieilli en fûts de chêne pendant au moins 10 ans. C'est un condiment complexe qui a beaucoup de corps. Son goût intense et fumé, de raisin et de noix, en fait l'accompagnement idéal de la cuisine nord-africaine, mexicaine ou espagnole. Achetez une marque de qualité et vérifiez que la durée du vieillissement figure bien sur l'étiquette.

• *Vinaigre de vin* – C'est le vinaigre le plus courant, à base de vin blanc ou rouge. Couleur, acidité et goût peuvent varier énormément en fonction de la marque. Utilisez le vinaigre de vin blanc comme le vinaigre de champagne. Le vinaigre de chardonnay possède un goût subtil, très doux. Pour fabriquer les meilleurs vinaigres de vin rouge, c'est le procédé d'Orléans qui est utilisé. Il permet de laisser fermenter en fûts un vin de bonne qualité pendant des mois. Les producteurs italiens, français et espagnols exportent d'excellents vinaigres de vin. Essayez le vinaigre de Cabernet, de Sauvignon ou de Chianti, d'un beau rouge rubis, au goût intense et à l'acidité à peine perceptible.

• *Vinaigres aromatisés* – Ils sont à base de vinaigre blanc dans lequel on a fait

macérer des fines herbes ou des piments. Le goût herbacé est perceptible sous l'acidité. Notez cependant que la plupart de ces vinaigres ont des fonctions plus décoratives que culinaires, à l'exception du vinaigre à l'estragon, qui donne aux salades de pâtes ou de riz un goût piquant. La qualité étant variable, vérifiez où a été produit votre vinaigre, afin d'éviter les types trop acides. Les importations françaises sont très bonnes.

• *Vinaigres de fruits* – Il existe divers procédés de fabrication de ce type de vinaigre. Dans certains cas, on fait macérer des fruits dans du vinaigre de vin blanc ou du vinaigre de champagne, dans d'autres, on mélange des fruits en purée au vinaigre. La France est réputée pour ses vinaigres de framboise, mais il en existe bien d'autres variétés, comme les vinaigres de poire, de myrtille, d'ananas ou de mangue. Le vinaigre balsamique au cassis est légèrement différent, car il est le produit d'un mélange de vinaigre de vin rouge et de jus de cassis concentré. Les vinaigres de fruits se marient très bien aux huiles de noix, dans les salades délicates de mesclun ou de fruits.

• *Vinaigre noir* – Il s'agit d'un produit chinois, au goût à la fois sucré et fumé, fabriqué avec du riz noir ou du millet.

Vous aurez peut-être de la difficulté à le trouver ailleurs que dans les épiceries asiatiques, mais n'hésitez pas à le remplacer par un vinaigre balsamique léger, à prix beaucoup plus abordable. Le goût très particulier du vinaigre noir convient bien aux vinaigrettes à base de soya et aux salades de nouilles.

LES HUILES

• *Huile d'olive* – La technique de fabrication de l'huile d'olive remonte à 3000 ans avant notre ère. L'«huile d'olive extra-vierge» provient de la première pression d'olives mûres. C'est la meilleure qualité. On appelle «huile d'olive vierge» et «huile d'olive pure» les huiles extraites des pressions

suivantes. Naturellement, la qualité diminue après chaque extraction. Évitez d'utiliser l'huile d'olive que l'on dit pure dans vos salades, sauf peut-être pour faire une mayonnaise, car elle n'a presque pas de goût. L'huile extra-vierge a une couleur dorée-verdâtre, un goût fruité ou légèrement poivré qui varie en fonction du pays et du producteur. Ici, chacun a sa préférence. En ce qui me concerne, je considère l'huile de Toscane comme la meilleure, suivie de près par celle des autres régions de l'Italie. Les huiles grecques et espagnoles ont un goût légèrement plus fort, un peu amer. Les huiles françaises et californiennes sont plus douces, moins piquantes que les autres. Pour faire une vinaigrette (autre qu'asiatique), j'utilise uniquement

de l'huile extra-vierge, car elle s'harmonise avec presque tous les ingrédients.

• *Huiles végétales* – Les huiles extraites d'une seule plante sont appelées «pures», tandis que les autres portent tout simplement le nom d'«huile végétale» et sont un mélange de différents types d'huile. La plupart ont une faible teneur en cholestérol et sont constituées de gras monoinsaturés ou polyinsaturés. Il en existe un large éventail: huiles de maïs, de pépins de raisin, de colza (canola), de tournesol, de soya et de carthame, pour n'en nommer que quelques-unes. Toutes ont un goût neutre qui est idéal pour faire des mayonnaises et autres vinaigrettes de consistance épaisse.

• *Huiles de noix et de noisette* – Aromatiques et élégantes, ces huiles sont pressées à froid, de manière à conserver le goût de la noix. Malheureusement, elles perdent vite leur saveur et doivent être consommées dans les 3 mois qui suivent l'ouverture de la bouteille. Il est préférable de les ranger dans un endroit sombre et frais après l'ouverture. Elles s'harmonisent très bien avec les vinaigres de fruits ou de xérès, pour assaisonner les salades de frisée ou de mesclun.

• *Huile d'arachide* – En général, l'huile d'arachide n'est pas pressée à froid.

Elle a donc peu de goût. Toutefois, dans les épiceries asiatiques, il est possible de trouver de l'huile pressée à froid qui a conservé toute sa saveur. Elle se vend plus cher que les autres huiles végétales, mais est très appréciée parce qu'elle fume seulement à très haute température et que sa friture est presque inodore. La variété asiatique est particulièrement bonne dans les vinaigrettes à base de soya.

• *Huile de sésame* – L'huile d'olive et l'huile de sésame sont les plus anciennes de l'histoire. L'huile de sésame était déjà fabriquée en Égypte. Extraite de graines de sésame grillées, cette huile foncée a un goût de noix très prononcé. La plupart des pays d'Asie l'utilisent pour relever le goût des salades. Elle est excellente dans des vinaigrettes à base de soya, pour accompagner des salades de nouilles, d'aubergines ou de volaille.

• *Huile de citrouille* – Il s'agit d'une huile épaisse, au goût corsé et de couleur vert foncé, qui est fabriquée avec des graines de citrouille. Comme elle a un goût prononcé, il est préférable de la faire simplement couler en petit filet sur des légumes grillés ou de la mélanger à d'autres huiles pour faire les vinaigrettes.

Les accompagnements qui rehaussent les salades

CROÛTONS À L'AIL

Les croûtons ajoutent évidemment une petite touche croquante aux salades, mais ils sont aussi parfaits pour absorber le goût acidulé de n'importe quelle salade. Ils conviennent particulièrement aux salades de tomate et de laitue.

200 g (7 oz) de pain au levain, de baguette française ou d'un autre type de pain, coupé en cubes de 1 cm (½ po)
4 c. à soupe d'huile d'olive extra-vierge
2 gousses d'ail finement hachées
1 c. à café (1 c. à thé) de sel
1 c. à café (1 c. à thé) de poivre noir fraîchement moulu

• Préchauffer le four à 200 °C (400 °F).
• Sur une grande tôle à biscuits, mélanger les cubes de pain avec tous les autres ingrédients.
• Cuire de 8 à 10 min jusqu'à ce que les croûtons soient légèrement dorés. Ne pas trop les cuire, car le centre serait dur.

NOTE : Les croûtons se conservent jusqu'à 2 jours dans un contenant hermétique.

PETITS OIGNONS CROUSTILLANTS

Savoureux sur une salade asiatique servie avec une Vinaigrette au piment et au citron vert à la thaïlandaise (voir p. 123), ces petits oignons sont tout à fait délicieux avec les nouilles.

600 ml (2 ½ tasses) d'huile d'arachide ou d'huile végétale
12 oignons verts ou oignons nouveaux, hachés très finement
125 g (1 tasse) de farine tout usage
1 c. à café (1 c. à thé) de sel

• Dans une casserole à fond épais, chauffer l'huile.
• Remuer les oignons dans la farine, puis les secouer pour enlever l'excès de farine. Vérifier la température de l'huile avec un petit morceau d'oignon enfariné. Si l'oignon grésille immédiatement quand on le plonge dans l'huile bouillante, l'huile est prête pour la cuisson.
• À l'aide d'une grande cuillère en métal, ajouter les oignons à l'huile, en plusieurs fois, si nécessaire. Faire frire les oignons pendant environ 3 min jusqu'à ce qu'ils soient dorés. Les égoutter ensuite sur du papier essuie-tout, puis les parsemer de sel.

NOTE : Vous pouvez préparer les petits oignons 3 h avant de les utiliser.

CROÛTONS DE PITA

Faciles à préparer, ces croûtons ajoutent du croquant à n'importe quelle salade.

6 pains pita
4 c. à soupe d'huile d'olive extra-vierge
1 c. à café (1 c. à thé) de sel
1 c. à café (1 c. à thé) de poivre noir

• Préchauffer le four à 200 °C (400 °F).
• Couper les pains pita en cubes de 1 cm (½ po). Séparer les couches avec les mains.
• Les mettre sur une tôle à biscuits et les mélanger avec l'huile d'olive, le sel et le poivre.
• Cuire les morceaux de pita pendant 8 min ou jusqu'à ce qu'ils soient dorés.

NOTE : Les croûtons se conservent jusqu'à 3 jours dans un contenant hermétique.

TOMATES SÉCHÉES AU FOUR

Les tomates grillées ont une saveur douce plus concentrée et contiennent moins d'eau. Elles constituent un merveilleux ajout aux salades de haricots ou de lentilles ou aux salades César.

250 g (8 oz) de tomates cerises ou de petites tomates italiennes, coupées en 2
2 gousses d'ail finement hachées
2 c. à soupe d'huile d'olive extra-vierge
1 c. à soupe de vinaigre balsamique
1 c. à café (1 c. à thé) de sel
½ c. à café (½ c. à thé) de poivre noir fraîchement moulu

• Préchauffer le four à 160 °C (325 °F).
• Mettre les tomates, le côté coupé vers le haut, sur une grande tôle à biscuits antiadhésive.
• Les parsemer d'ail. Y verser l'huile d'olive et le vinaigre balsamique, puis saler et poivrer.
• Les cuire de 20 à 30 min jusqu'à ce qu'elles aient réduit, puis les retirer de la tôle à biscuits.
NOTE : Vous pouvez préparer les tomates le matin et les servir le soir.

MORCEAUX DE PROSCIUTTO GRILLÉS

Cette garniture facile à préparer convient bien aux salades de laitue, de pommes de terre et de légumes.

6 tranches de prosciutto di Parma

• Dans une grande sauteuse antiadhésive, faire griller le prosciutto pendant 5 min jusqu'à ce qu'il soit croustillant. Le retirer de la poêle et le laisser refroidir.
• Émietter le prosciutto refroidi en petits morceaux.
NOTE : Les Morceaux de prosciutto grillés peuvent être préparés la veille et conservés dans un contenant hermétique.

TUILES AU PARMESAN

Ces bouchées croustillantes sont tout à fait élégantes et faciles à préparer, mais il faut utiliser du papier parchemin pour la cuisson. Elles sont parfaites pour préparer un hors-d'œuvre vite fait. On y ajoute de la roquette et de la vinaigrette.

125 g (1 ½ tasse) de fromage parmesan râpé

• Préchauffer le four à 200 °C (400 °F) et tapisser 2 tôles à biscuits de papier parchemin pour la cuisson.
• Déposer le parmesan sur les tôles à biscuits en faisant 12 petites piles espacées les une des autres. Les écraser en formant des cercles.
• Cuire de 6 à 8 min jusqu'à ce que les tuiles soient dorées. Sortir les tôles du four et laisser reposer pendant 1 min. À l'aide d'une spatule, retirer les tuiles, puis les déposer sur une grille métallique pour les faire refroidir ou les étendre sur un rouleau à pâtisserie pour qu'elles refroidissent et qu'elles prennent forme.
NOTE : Vous pouvez préparer les Tuiles au parmesan la veille si vous les conservez dans un contenant hermétique. Vous pouvez leur redonner leur texture croustillante si vous les mettez au four chaud pendant 1 à 2 min, en utilisant la méthode décrite plus haut.

BÂTONNETS CROUSTILLANTS AU GINGEMBRE

Pour une touche croquante bien affirmée, parsemer les salades asiatiques de ces succulents bâtonnets.

Un morceau de gingembre frais de 2,5 cm (1 po), pelé
5 c. à soupe d'huile végétale

• Couper le gingembre en julienne.
• Dans une sauteuse moyenne, chauffer l'huile. Ajouter les bâtonnets de gingembre et frire jusqu'à ce qu'ils soient dorés et bien croustillants. Les égoutter ensuite sur du papier essuie-tout.

NOTE : Les bâtonnets peuvent être préparés le matin, conservés dans des contenants hermétiques et servis le soir.

NOIX CARAMÉLISÉES

Ces noix sont un tel délice qu'il faudra en préparer beaucoup si vous voulez qu'il en reste pour la salade. La laitue peut être complètement transformée si vous lui en ajoutez quelques-unes.

200 g (1 3/4 tasse) de noix comme les pacanes, les noisettes, les pistaches ou les noix de Grenoble
3 c. à soupe de miel liquide
1/2 c. à café (1/2 c. à thé) de sel
2 c. à soupe de sucre à glacer

• Préchauffer le four à 200 °C (400 °F).
• Dans un petit bol, mélanger les noix avec le miel, le sel et le sucre.
• Étendre les noix sur une tôle à biscuits antiadhésive pour qu'elles ne se touchent pas.
• Les cuire pendant 3 min, les retirer de la tôle à biscuits, puis les déposer sur du papier parchemin ou du papier ciré.

NOTE : Les Noix caramélisées peuvent se conserver dans un bocal au couvercle hermétique jusqu'à 2 semaines.

CÂPRES GRILLÉES

Ces câpres sont parfaites pour mélanger aux salades de laitue ou de pommes de terre.

4 c. à soupe de câpres rincées
1 c. à café (1 c. à thé) d'huile d'olive

• Préchauffer le four à 200 °C (400 °F).
• Dans un petit bol, mélanger les câpres avec l'huile d'olive, puis les déposer sur une tôle à biscuits. Les faire griller 6 min, puis les retirer de la tôle à biscuits.

NOTE : Les câpres peuvent être préparées le matin et servies le soir.

Index

Achevé d'imprimer au Canada
sur les presses des Imprimeries Transcontinental Inc.